투자의 시작과 끝은
잃지 않는 껏이다!!!

미래의 모빌리티가
모든 것을 좌우한다.

긴 필수

바퀴 달린 것에 투자하라

바퀴 달린 것에 투자하라

앞으로 10년 모빌리티 시대
자동차 산업 주식투자 전략

김필수, 강흥보 지음

VegaBooks

더 센 놈들이 온다!
모빌리티 빅뱅 시대, 어떤 주식을 살 것인가?

————◆————

시계를 되돌려서 1994년으로 돌아가보자. 1994년이면 김영삼 대통령 문민정부 2년차로 북한 김일성 주석이 사망했다. tvN 인기 드라마 <응답하라 1994>의 배경이 된 해이기도 하다. 우리 일상에 그때는 없었고 지금은 있는 물건이나 기술에는 뭐가 있을까?

지금으로부터 4반세기 전에도 웬만한 건 다 있었다. 아파트, 자동차, TV, 전화기, 컴퓨터, 직장, 학교, 맛집, 배달음식, 상점, 은행 등등. 지금보다 품질이나 서비스 수준이 약간 떨어질지는 몰라도 근본적인 콘텐트는 다르지 않았다.

하지만 인터넷과 휴대전화라면 이야기가 다르다. 1994년에도

PC통신과 카폰 사용자가 소수 있었지만 일반 대중에게는 낯선 기술이었다. 인터넷과 휴대전화는 1990년대 후반부터 대중화되기 시작했고 지난 20여 년간 우리가 살아가는 방식과 산업 전반을 송두리째 바꾸어 놓았다.

인터넷과 휴대전화가 하나로 합쳐진 게 스마트폰이다. 1994년에는 없었지만, 지금은 존재하는 상품이나 서비스 대부분이 스마트폰과 관련돼 있다. 1990년대 초반에는 휴대전화로 뉴스와 동영상을 보고, 게임을 하고, 물건을 사고, 배달을 시키고, 송금을 하는 삶을 상상할 수도 없었다.

인터넷과 휴대전화는 지난 20여 년간 산업 전반에도 근본적 변화를 가져왔다. 미디어, 전자상거래, 배송 및 유통산업은 패러다임이 바뀌었고 금융도 많은 변화를 겪었다. 심지어 보수적 규제 분야인 의료와 교육도 영향을 받고 있다.

당연히 주식시장 지형도 상전벽해가 됐다.

1994년 우리나라 시가총액 1위는 한국전력이었다. 2위는 포스코였고 삼성전자는 한참 뒤떨어진 3위로 시가총액으로 따지면 한국전력의 반에도 미치지 못했다. 상위 30위권에 은행주와 증권

주가 대거 포진해 있었다. 해외에서는 GE, 로열더치쉘(Royal Dutch Shell), 코카콜라 등 굴뚝 기업이 세계 경제를 주름잡았다.

지금은 어떤가? 국내 주식시장에서 삼성전자는 지난 20여 년간 부동의 1위였다. 현재 시총 기준 한국전력의 10배가 넘었다. 그리고 과거에는 없었던 네이버와 카카오가 시총 상위권을 차지하고 있다. 해외에서도 아마존, 애플, 페이스북, 구글, 알리바바 등 모바일과 인터넷에 기반한 IT 기업들이 주식시장을 주도한다. 1994년에 설립된 아마존은 모바일/인터넷 혁명을 기반으로 세계 최고 회사 반열에 올랐다.

모바일과 인터넷의 발전은 네트워크의 일상화라는 전대미문의 환경을 조성했고 지금도 그 영향력은 확대일로다. 지금은 배터리와 전기장치 등 타 분야 기술의 비약적인 발전과 더불어 이동(mobility) 관련 산업에 변혁의 기운을 불어넣고 있다. 이른바 모빌리티 혁명이다. 지난 130년 동안 변하지 않았던 화석연료와 내연기관 바탕의 자동차 산업이 드디어 변화를 시작했다.

그 변화가 바로 테슬라(Tesla)가 선도하는 이른바 전기차 혁명이다. 벤츠나 BMW, GM, 포드, 현대차, 토요타 등 전통의 자동차 강자들도 모두 전기차에 뛰어들고 있어 무서운 속도로 진행되고 있다. 앞으로 가속도가 더 붙을 전망이다. 그리고 조금 더 시간이 걸리겠지만 수소차도 모빌리티 혁명의 한 축을 담당할 것이다.

모빌리티 혁명은 자동차 하드웨어 측면인 전기차·수소차 외에도 소프트웨어 측면에서 자율주행 그리고 소유 방식 측면에서 공유자동차의 적극적인 도입을 수반할 것으로 예상된다.

전기차, 자율주행차, 공유자동차 모두 커넥티드카(connected car)에 기반을 둔다는 공통점이 있다. 스마트폰이 통신망과 인터넷망으로 연결되었듯 미래차도 네트워크에 연결될 것이다. 자율주행차나 공유자동차는 네트워크 없이는 반쪽 서비스가 될 것이고 전기자동차 또한 네트워크 친화적이다.

휴대전화와 인터넷이 합쳐진 것이 스마트폰이라면 차량과 인터넷이 합쳐진 것이 커넥티드카, 즉 스마트카(smart car)다. 네트워크의 일상화에 기반을 둔 초연결 사회는 처음에는 PC를, 그다음에는 휴대전화를, 이제는 자동차를 타깃으로 삼고 있다.

전후방 효과가 막대한 자동차 산업의 특성상 전기차와 수소차 시대의 도래는 우리 산업에 모바일/인터넷 도입을 넘어서는 영향을 미칠 것이다. 자동차 업계 선두 주자들의 면면이 바뀔 것이고 부품산업이나 정비업 등 관련 산업의 부침이 클 것이다.

또한 배터리나 차량용 반도체, 마이크로 모빌리티(1~2인승 초소형차), 퍼스널 모빌리티(전동 스쿠터, 자전거 대여) 산업도 뒤흔들어 놓을 것이다. 테슬라의 부상은 예고편에 불과하다. 앞으로 훨씬 더 센 놈들이 판을 흔들어댈 것이다.

이제 우리는 미래 모빌리티가 가져올 산업구조 재편과 주식시장의 영향을 이해하고 이에 적극적으로 대처해야만 한다. 모바일·인터넷 기술의 파고를 넘어왔듯이 새로운 모빌리티 기술이 가져올 도전에 적극적으로 응전해야만 한다.

당연히 주식시장에서도 모빌리티 시대 신인류는 기존 투자자와는 차별성을 가질 수밖에 없다. 모바일—인터넷 혁명을 받아들이고 모빌리티 혁명이 초래할 지각변동을 예측하는 신인류의 시선은 현재가 아닌 미래로 향한다.

우리는 이 책에서 미래 모빌리티 관련 기업을 소개·분석하며 주식투자 전략을 세울 수 있게 돕고자 한다. 주식투자자들을 위한 메이크잇 유튜브 채널인 E트렌드에서 2020년 말부터 2021년 1월까지 12회에 걸쳐서 다룬 모빌리티 특집에 살을 덧붙이고 자료를 첨

부했다.

수년 후, 많은 주식투자자들이 2021년을 돌아보며 "그때 그런 종목이 있었지"라고 회상할 것이다. 우리는 독자들이 "그때 그런 종목을 샀어야 했어"가 아닌 "그때 투자하길 잘했어"라는 회상을 할 수 있게 돕는 길잡이가 되고자 한다.

미래는 정해져 있지 않다. 하지만 과거를 면밀히 살펴보면 큰 방향성, 즉 메가 트렌드를 읽을 수 있다. 주식투자는 그 트렌드에 올라타는 행위다. 매번 옳을 수는 없지만 뻔한 실수와 실패는 피할 수 있고 그러다 보면 승률은 올라갈 수밖에 없다.

모빌리티 빅뱅 시대를 맞는 투자자들이여, 성투하시라.

대림대학교 김필수 교수
㈜메이크잇 강홍보 센터장

차례

바퀴 달린 것에
투자하라

더 센 것들이 판을 흔든다

🎙 내연기관 자동차 시대에서 미래 모빌리티 시대로 변화가 급속하게 진행되고 있다. 노르웨이는 2025년부터 내연기관 신차 판매를 금지하기로 했다. 독일과 영국, 프랑스 등도 10~20년 내 내연기관차 판매를 중단하겠다는 방침을 세웠다.

🎙 이런 분위기 속에서 현대차 주가가 작년 중반 한두 달 사이에

저점 대비 70퍼센트 정도를 치고 올라갔다. 테슬라 주가가 사상 최고를 기록하자 테슬라에 부품을 납품하는 국내 업체들의 주가 또한 폭등하고 있다. 투자자의 관심이 친환경 자동차며 전기차에 집중되고 있지만 정작 자동차 업종과 업황에 대해 자세히 알고 있는 투자자는 드물다.

코로나19로 인해 비대면 비접촉, 언택트 비즈니스 모델이 확산됐다. 자동차 시장에도 변화가 일었다. SNS 채널이나 홈쇼핑에서 자동차를 판매하는 등 판매 채널을 다양하게 만들어가고 있는 중이다. 자동차 업계가 다양한 비즈니스 모델을 만들어 살 길을 찾는 와중에 저유가 시대가 열렸다. 친환경 자동차에 집중되고 있던 관심이 저유가로 인해 다시 내연기관차로 옮겨가는 게 아닌가, 하는 얘기 또한 있었다. 그러나 이런 얘기는 우려라고 봐도 된다.

지구 온난화에 따른 글로벌 대책이 점차 가시적으로 강화되고 있다. 바이든 미국 대통령이 이산화탄소 문제를 거론하고 있고, 탄소세 등 환경 기준에 대한 강화를 역설하기 시작했다. 2050년 탄소중립선언도 중요한 계기가 될 전망이다. 이런 상황에서 전기차 연구와 발전은 멈추지 않고 있고, 그에 따라 전기차가 가지고 있던 단점이 급속히 사라지고 있다. 유럽을 보자. 환경정책이 강화돼 클린 디젤 차량에서 미래형 친환경차 시장이 바뀌어갈 때, 하이브리드 자동차 단계 없이 곧장 전기차로 시장의 관심이 이동했다. 이미 전기차 시대는 열렸다. 특히 글로벌 제작사들이 제작한 전기차가 쏟아지는 올해는 전기차와 내연기관 자동차의 진검승부 시대가 될 것이다.

지금까지 전기차 시장에서 독보적인 위치에 있던 기업은 테슬라였다. 전체적인 가성비가 뛰어나서 경쟁 차종이 없었다. 올 초, 소형 SUV 모델Y를 출시하며 당분간 독주체제를 견고히 할 전망이다. 하지만 올해 중반이 넘어가면 시장 판도가 달라질 것으로 예상된다. 글로벌 제작사들이 전기차 전용 플랫폼을 통해 완성도 높고 가성비 좋은 전기차를 출시하기 때문이다. 현대차그룹은 이미 전기차 전용 플랫폼 E-GMP로 무장했다. 이 플랫폼에서 올해 출시 예정된 현대차와 기아차의 전기차가 4~5종이다. 외국 기업에서도 유사한 전용 플랫폼을 통해 다양한 차종이 출시된다. 특히 현재 현대차그룹의 기술 수준은 최상위권이어서 경쟁력 있는 모델이 출시되기 시작하면 테슬라의 독주는 더는 쉽지 않다. 앞으로 나올 전기차를 살펴보면 내·외장 인테리어나 각종 옵션 등에서 테슬라 이상 가는 모델이 즐비하다. 이런 점을 봤을 때, 전기차 시장은 치열한 전쟁 양상을 보이게 되지 않을까.

▶ 자동차 판매 현황 및 전망

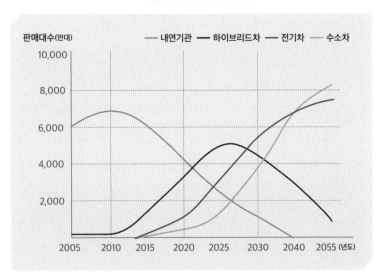

출처: 1. *Automotive World Car Industry Forecast Report, Global Insight(2004년)*
　　 2. *IEA, Booz &Company analysis*
　　 3. 환경부 친환경 자동차(2015.12) 참조

현대차, 어디까지 갈까

🎙 최근 글로벌 자동차 업체들이 마이너스 성장을 기록하고 있다. 하지만 현대차는 현금 유동성을 많이 확보해놓은 상황이다. 그 덕분에 플러스 성장을 기록할 수 있었고 주가는 고공행진했다. 과연 이 분위기가 계속 이어지게 될까?

현대차가 정의선 회장 체재로 개편되면서 색깔을 많이 바꿨다. 미래 모빌리티 시장에서 생존하기 위해서는 융화모델, 즉 다른 기술을 보유하고 있는 기업과 서로 장점을 섞는 게 가장 중요한 포인트다. 이 점을 정의선 회장은 잘 이해하고 있다. 국내 주요 3개 그룹 총수를 직접 만나 배터리 문제를 활성화하는 데 앞장서고 있을 정도다. 게다가 미국 자율주행차 업체 '액티브'와 합작회사를 설립하는 등 부족한 기술을 메우며 미래를 대비하고 있다.

지난 130년 동안 내연기관차를 칭할 때, 'Car', 'Vehicle', 'Auto' 같은 용어를 자주 사용했다. 그런데 이제는 지상을 달리는 자동차 개념으로 끝나는게 아니다. UAM(Urban Air Mobility)*, 마이크로 모빌리티(Micro Mobility)로 불리는 초소형 전기차, 전동 킥보드 같은 퍼스널 모빌리티(Personal Mobility) 등까지도 '모빌리티'에 속하게 된다. 자동차 발전 방향은 이제 단순한 이동수단이 아닌 움직이는 생활공간, 움직이는 가전제품으로 바뀌고 있다. 지금은 큰 변혁의 시대다. 과거의 10년보다 앞으로 1년의 기술 집적도가 높을 정도다.

현대차는 UAM 개발에 한창이다. 2019년 정의선 회장은 현대차그룹 본사에서 타운 홀 미팅에서 했던 발언이 있다.

---

* 도심형 항공 모빌리티.

"미래에는 자동차가 50퍼센트, PAV(Private Air Vehicle)* 30퍼센트, 로보틱스** 20퍼센트가 될 것이며 우리는 그 안에서 서비스를 주로 하는 회사로 변모할 것입니다."

정의선 회장은 앞으로 '미래 모빌리티 플랫폼 완성'이라는 그림으로 현대차그룹을 움직일 것이며 실제로 이미 액션을 취하고 있다. 특히 최근 주가에 반영됐을 것이라 판단되는 수소연료전지차(이하 수소차) 기술력은 이미 세계 최고 수준으로 끌어올렸다. 올해는 전기차 분야에서도 세계 선도기업에 진입할 수 있는 채비를 이미 끝냈다.

현대차뿐만 아니라 글로벌 업체들은 '미래 모빌리티 플랫폼 완성'이라는 이름으로 미래 시장을 개척하고 있다. 이는 미래 모빌리티가 자율주행차, 전기차 등 친환경차, 공유경제 등이 융합되면서 새로운 비즈니스 모델로 확대되고 있다는 의미다. 부가가치가 높은 시스템이라서 모든 글로벌 기업들이 모빌리티 쪽으로 몰려가고 있는 것도 하나의 현상이다.

---

* 수직이착륙이 가능해 활주로 없이도 이동 가능한 개인용 비행체.
** 4차 산업혁명의 한 주요 영역인 로봇(robot)과 테크닉스(technics)의 합성어. 인공지능적인 능력을 갖춘 지능적인 로봇기술과 관련된 분야.

현대차그룹은 상당한 속도로 기술 수준을 끌어올리고 있다. 2020년 1월에 출시된 내연기관차 제네시스 GV80 모델은 기존 모델보다 2단계 정도 뛰어넘은 성능을 가지고 있다. 예전에 현대차에서 "우리는 BMW, 벤츠만큼 차를 만들고 있다."라고 자랑을 하면 기자들이 무시하곤 했다. 그러나 최근 들어와서는 그런 얘기가 쏙 들어갔다. 오히려 "어, 이거 옛날 제네시스와는 다르네."라는 말이 나온다. 그만큼 현대차 기술 수준이 올라갔다는 얘기다.

지구상 모든 첨단 기술이 모빌리티 플랫폼에 융합되고 있다. 그렇다면 미래 자동차 시장은 누가 지배하게 될까? 기존 글로벌 자동차 제작사들은 지난 130여 년 동안 수직 하청구조에서 슈퍼 갑으로 존재했다. 그러나 이제는 불확실성이 높아지고 있다. 시간이 흐를수록 전기차와 수소차, 자율주행차 그리고 카셰어링, 라이드 셰어링 등의 공유경제가 융합하면서 미래 산업 생태계도 크게 변모할 것으로 예상되기 때문이다. 그러다보니 자율주행차용 라이다(LIDAR) 센서 등 고부가가치 부품을 만드는 기업이나 자동차용 시스템 반도체를 만드는 기업도 모빌리티 시장에서 주도권을 쥘 수 있는 환경이 만들어지고 있다.

그중에서 가장 위협적인 기업은 인공지능을 포함한 소프트웨어를 만드는 회사라 할 수 있다. 우리가 일명 'GAFA'라고 하는 구글(Google), 아마존(Amazon), 페이스북(Facebook), 애플(Apple)은 미래 자동차용 소프트웨어 개발에 큰 비용을 지불하고 있다. 소프트웨어는 자동차에 융합된 전기전자 부품과 반도체를 움직이는 신경망에 해당한다. 즉, 전기차를 움직이게 하는 '정신'이라 할 수 있는 소프트웨어를 만드는 기업은 미래 자동차 시장을 지배할 수 있는 힘이 있다고 볼 수 있다.

미래 먹거리 주도권 싸움에서 성공하기 위해서는 이종 간 결합과 적과의 동침은 기본이다. 누가 더 다양한 분야와 몸을 섞을 것인가가 주도권 싸움의 핵심이다. 미래 차는 융합의 대표 산물이다. 다양한 장점을 가진 기업과의 공동투자, 연구개발이 뒷받침되어야 한다. 이는 합종연횡 등 다양한 산물로 나타나고 있다. 매일 발전하고 있는 기술을 얼마만큼 재빨리 융합해 미래 모빌리티에 반영하느냐에 따라서 정의선 회장이 그린 그림에 추진력을 얻을 수 있다. 그렇게 되면 현대차의 성장속도는 더욱 빨라질 것이다.

현대차·기아차는 2020년에 전 세계에서 50만 대 넘는 친환경차를 판매했다. 국내 16만 1,563대, 해외 33만 9,924대 등 총 50만 1,487대의 친환경차를 판매했고 이는 전년과 비교해 36.0퍼센트 증가한 것이다. 국내 판매는 56.0퍼센트, 해외 판매는 29.1퍼센트 늘었다.

현대차는 2025년까지 총 12종의 전기차를 출시하고 연간 56만 대를 판매해 글로벌 시장에서 전기차 판매 비중을 10퍼센트까지 늘릴 계획이다. 2040년에 글로벌 전기차 시장 점유율 8~10퍼센트를 달성하는 것이 목표다. 현대차는 2040년부터 미국, 유럽, 중국에서 내연기관차를 출시하지 않겠다고 밝히기도 했다.

기아차 역시 중장기 전략인 '플랜S'에 따라 2025년까지 총 11종의 전기차 라인업을 구축할 예정이다. 이를 통해 글로벌 전기차 시장에서 점유율 6.6퍼센트를 확보하고 미국, 유럽, 한국 등 선진 시장에서는 전기차 판매 비중을 20퍼센트까지 확대할 계획이다. 2026년까지 연간 50만 대의 전기차를 판매하고 2027년까지 7개의 전용 전기차 라인업을 선보이겠다는 목표도 밝혔다.

🎙 현대차그룹이 미래를 대비하는 모습에서 상당한 박력이 느껴진다. 그렇다면 자동차 업황 자체가 바뀌었다고 이해해도 될까?

자동차 산업 패러다임 전환이 급격하게 이루어지고 있다. 산업 생태계 변화로 인해 생산 시스템과 생산 라인이 완전히 바뀌게 된다. 글로벌 시장의 이런 변화에서 살아남고 선두로 치고 올라가기 위해서는 사업 포트폴리오를 어떻게 잘 짜느냐가 굉장히 중요하다. 현대차는 현재 그 포트폴리오를 체계적으로 잘 만들어내고 있다.

🎙 현대차의 실적이 기대만큼 나오지 않을 거라는 얘기가 애널리
스트 사이에서 나오고 있다.

글로벌 수요가 급감했기 때문에 어쩔 수 없다. 그러나 다른 글
로벌 제작사들보다 선전했다는 분석도 있다. 2019년 대비 2020년
전반기 판매가 6.6퍼센트 늘어난 것은 OECD 국가에서 우리나라
가 유일하다. 해외 언론과 인터뷰를 진행할 때, "왜 대한민국만 6.6
퍼센트 올라갔나?"는 질문을 가장 많이 받았다.

코로나19로 인해 대중교통보다 안전한 이동수단의 필요성이
부각되고 있다. 더욱이 현대차그룹에서 신차가 많이 출시됐다. 실
적이 기대만큼 나오지 않을 거라는 예측은 최근에 나온 신차 판매
가 부진한 게 원인이다. 그러나 여러 가지 신차 모델이 힘을 받게
되면 실적은 되살아나게 돼 있다. 그래서 나는 숨고르기라고 판단
한다.

🎙 숨고르기다? 그만큼 신차 완성도가 높은가?

그렇다. 현대차그룹이 힘을 받을 수밖에 없는 이유는 신형 모

델의 완성도 때문이다. 예로 기아차에서 가장 경쟁력 있는 모델인 카니발을 들 수 있다. 카니발 3세대는 지금 나와도 잘 팔리고 있고 4세대는 완성도 면에서 이제 적수가 없다. 연예인들은 예전만 하더라도 익스플로러 밴이나 스타크래프트 밴을 끌었다. 그러나 지금은 카니발이나 카니발 리무진을 끌고 있다. 연예인이 카니발 리무진을 끈다는 것은 가성비가 좋다는 뜻이다. 4세대 카니발은 완성도가 워낙 좋기 때문에 인기는 더욱 많아질 것이고 차종이 다양해지면 인기가 훨씬 높아질 것이다. 이처럼 현대차그룹에서 최근 나오는 신차의 완성도가 뛰어나 장기적으로 봤을 때 실적은 올라가게 돼 있다.

모빌리티 업황, 이해 없다면 필패한다

🎙 최근 환경부에서 온실가스 배출을 향후 10년 안에 하이브리드 수준으로 조정하겠다는 발표가 있었다. 내연기관차 비율 또한 3분의 1 수준으로 줄여야 한다고 한다. 그러면 1차 협력사, 2차 협력사 등 자동차 협력사의 기업 주가는 급격히 하락할 수도 있다. 자동차 업계에 패러다임 전환이 일어나면 여러 자동차 부품이 사라지게 된다. 이런 부품을 만드는 제조 회사에 대한 투자는 피해야 할까?

정부 정책이 100퍼센트 그대로 실현되기는 쉽지 않다. 목표가 있더라도 현재 기술 개발 속도가 따라가지 못한다면 결국 허무한 이야기가 되기 때문이다. 따라서 정책을 발표할 때는 정부와 기업이 먼저 사안을 조율한다. 정부가 내연기관 자동차를 줄이겠다고 발표했다면 현대차그룹 같은 글로벌 제작사 기술 수준에 맞춰서 발표했을 것이다. 그만큼 내연기관의 입지가 급격히 줄어들고 있다고 볼 수 있다.

생산라인이 내연기관 자동차에서 전기차로 바뀌게 되면 전체 규모의 40퍼센트 정도가 사라진다. 열 명 중에 네 명이 일자리를 잃게 된다는 말이다. 부품이 모듈 형식으로 바뀌기 때문에 내연기관 대비 사용되는 부품이 절반 정도 줄어든다. 내연기관 자동차에서 가장 핵심 부품이 엔진변속기다. 여기에 들어가는 세부 부품 수가 무려 1만3천 개에 이른다. 이 부품을 제조하는 1차 협력사 가운데 2조 원에서 3조 원 매출을 일으키고 있는 회사들이 많다.

요즘 가장 많이 자문을 요청 받은 곳이 이런 부품사다. 패러다임이 급격하게 변화하고 있는 지금, 가장 큰 문제가 되는 기업들이 엔진변속기 기반의 내연기관 자동차 관련 기업이다. 이런 기업들이 발 빠르게 미래를 대비하지 않는다면 기업 가치는 급격히 하락하게 된다. 따라서 기존 자동차 부품사는 앞으로 내연기관뿐만 아니라 하이브리드나 전기차, 수소차에도 쓸 수 있는 공용 부품을 생산해야 한다. 무엇보다 독자적인 원천기술을 가지고 얼마만큼 방향 전환을 제대로 할 수 있느냐가 중요하다. 앞으로 부품 기업을 평가할 때 이런 점을 유심히 살펴봐야 한다.

물론 내연기관 자동차가 당장 없어지지는 않는다. 서서히 수요가 줄어들다가 전기차 기술이 발전해 속도가 붙는 순간, 급격히 내연기관 시장이 협소해질 것이다. 요즘 유명 대학 석·박사 과정에서 미래 모빌리티 쪽으로 공부하려는 사람들은 늘어나고 있다. 그러나 내연기관을 공부하려는 사람들은 드물다. 이유는 단순하다. '죽어가는 기술을 배워서 뭐하겠는가.' 이것이다.

미래 자동차 시장에서 '자동차 부품사'의 존폐 문제는 해결해야 할 숙제다. 향후 10년을 봤을 때, 변화에 대처하지 못하면 도태될 수밖에 없다. 나는 걱정이 앞선다. 부품 기업의 변화가 연착륙이 아니라 경착륙이 될 가능성이 크기 때문이다. 정부가 발 빠르게 움직여 업종 전환이나 시스템 전환, 그리고 전환 교육을 해야 하지만 너무 느리게 진행되고 있다.

바퀴 달린 것에 투자하라

자동차 (내연차) ↓ (미래차)	우진공업	중견	엔진 점화플러그	수소차 열관리시스템
	에코플라스틱		자동차 차체부품	초경량 차체부품
	삼기		엔진 부품	전기차 모터 하우징
	코모스		조향장치(핸들)	자율주행차 조향장치
	세종공업		소음기, 배기가스정화기	수소차 연료전지 부품
	베바스토코리아H		선루프, 히터	전기차 배터리 모듈
	디아이씨		변속기	전기차 감·변속기
	동양피스톤		엔진 피스톤	수소차 연료전지 부품
	세코닉스		스마트폰 카메라 렌즈	자율주행차 렌즈
	디에스시동탄	중소	내연차 좌석(시트)	전기차 좌석(시트)

출처: 산업통상자원부

　지금 내연기관차에 들어가는 부품이 약 3만 개에 이른다. 자동차 한 대를 만들기 위해 1차 하청부터 3차 하청까지 수직 하청구조로 이 3만 개 부품을 만들어내고 있다. 정부는 1차 하청은 어느 정도 파악하고 있지만 2차, 3차 하청 기업 사정까지는 자세히 모르고 있다. 이 기업들의 영업이익률이 2~3퍼센트도 되지 않고, 시장 변화 대응 능력이 거의 없다. R&D* 능력, 정보분석 능력도 없는 데다

---

* Research and Development. 자연과학기술에 대한 새로운 지식이나 원리를 탐색하고 해명해서 그 성과를 실용화하는 일.

가 중첩 부품도 많기 때문에 통폐합도 많이 필요하다.

🎙 최근 700만 명 정도가 500만 원 정도를 들고 주식을 시작했다고 한다. 그런데 주식 공부를 제대로 할 생각은 하지 않고 자동차 주식이 좋다는 이야기를 듣고는 "현대차를 살까?"하다가 가격을 보고는 "현대차는 비싸." 하면서 그보다 싼 자동차 부품사 주식을 사는 사람도 꽤 있다. 앞으로 업황이 안 좋아질 게 분명한데, 주식 가격이 떨어져도 그냥 장기투자를 한다고 한다.

물에 개구리를 넣고 서서히 끓이면 개구리는 자기가 죽어가는 것을 모른다. 업황을 잘 이해하지 못하고 투자하는 것은 뜨거워지는 물속에서 죽어가는 개구리와도 같다. 투자할 때 업황 전반의 이해도가 떨어진다면 '장기투자'하겠다고 투자한 돈은 자신도 모른 채 서서히 증발해갈 것이다. 투자하려고 마음먹은 부품사가 미래차 시장을 대비하고 있는지, 그러한 여력이 되는지에 대한 공부가 반드시 필요하다.

🎙 해외 글로벌 완성차 기업에서 전기차 시대를 준비하고 있던 와중에 현대차는 수소차 개발을 시작했다. 이때 투자자들은 "현대차 뭐하는 거야. 수소차를 왜 이 시기에 하는데." 이런 반응을 보였다. 그런데 최근 니콜라의 수소차가 이슈가 되면서 현대차가 수소차를

미리 준비 잘 한 것 같다는 식으로 여론으로 바뀌었다. 수소차와 전기차, 과연 무엇이 다르고 수소차 시장은 언제쯤 열리게 될까?

수소차는 아직 시작 단계다. 수소차 시장이 본격적으로 열리려면 꽤 오랜 시간이 필요하다. 무엇보다 수소차 연료인 수소의 생산, 이동, 저장 문제가 완전히 해결되지 않았다. 그에 비해 전기차는 기존에 가졌던 단점이 급격히 사라지고 있다. 따라서 수소차 시장이 활성화되기까지는 전기차보다는 좀 더 시간이 걸릴 것 같다. 그러나 수소차는 미래 궁극의 차 중의 하나다. 모빌리티 혁명의 마지막 단계에서는 수소차와 전기차가 상존할 가능성이 크다. 지금 내연기관차 시장을 가솔린과 디젤이 양분하고 있는 상황과 같다. 중단거리 운행에는 전기차가, 장거리 운행과 대형차, 건설기계 쪽에서는 수소차가 각각 강점이다.

도심형 플라잉카 경우에도 이동거리가 50킬로미터 정도될 때는 전기가 사용되지만 100킬로미터 이상인 경우에는 수소연료가 사용될 가능성이 높다. 가솔린 엔진 차량과 디젤 엔진 차량의 성격과 활용도가 다르듯이 전기차와 수소차가 가진 강점과 약점이 다르기 때문에 결국에 전기차와 수소차가 상존하게 될 것이다.

수소차 세계 1위는?

현대차가 수소차를 시작한 이유는 미래 가능성 때문이다. 현대차는 보다 먼 미래를 바라보며 수소차 개발을 시작했다. 원천기술 확보, 시장 주도권 확보 측면에서 의미가 크다. 현재 전 세계 수소차 시장에서 양산형 모델은 3개가 있다. 현대 넥쏘, 토요타 미라이, 혼다 클래리티. 그중에서 가장 이슈가 되고 있는 모델이 현대 넥쏘다. 넥쏘는 경쟁차 대비 항속거리, 최고속도, 가속성능 등 대부분 측면에서 우수하다. 현대차는 넥쏘를 앞세워 수소차 시장 세계 1위를 달리고 있다.

2020년 세계 수소차 시장에서 각국이 차지하는 비중도 한국이 52.4퍼센트, 미국이 29.4퍼센트, 일본이 9.7퍼센트, 유럽이 6.5퍼센트로 한국이 세계 수소차 시장을 주도하고 있는 것으로 나타났다. 이렇게 본다면, 현대는 수소차 개발에 일찍부터 매달려 미래의 수소차 시장을 선점했다고 볼 수 있다.

다시 강조하지만 전기차와 수소차는 경쟁 모델이 아니라 상생 모델이다. 60~70퍼센트의 부품을 공유한다. 그러니까 수소차와 전기차가 서로 다른 방향으로 가는 게 아니라 한쪽 방향을 향해 함께 발전하고 있는 것이다. 현대차 정의선 회장이 수소차와 전기차

투 트랙으로 가겠다고 선언을 한 이유가 여기에 있다.

지금 당장은 수소차보다 전기차 시대라고 할 수 있겠다. 그러나 투자자 입장에서 보면, 수소차 분야 투자를 망설일 수도 있겠다.

　　누군가 내게 "수소차 분야에 200억 원 정도 투자하려고 하는데, 할까요?" 묻는다면 "단기간 수익을 얻기 위해서라면 하지 말라."고 말하고 싶다. 현재 수소차 산업에서 일자리가 창출되는 것도 아니고 투자해서 당장 돈을 벌 수 있는 상황이 아니기 때문이다. 수소차 분야에 투자해 1~2년 사이에 큰돈을 벌겠다는 생각은 버리는 게 좋다.

가성비 좋은 전기차가 쏟아진다

올해, 전기차 시대가 먼저 열린다. 예전에는 소비자들이 전기차를 세컨드카 개념으로 생각했다. 그러나 이제는 전기차를 퍼스트카, 엔트리카로 생각하는 소비자가 늘고 있다. 만약 전기차를 구입할 마음이 있다면 올해 중반쯤이 적당한 시기라고 생각된다. 물론 올해는 작년보다 보조금이 2~3백만 원 줄어들고 충전 전기비도 좀 오르기도 한다. 하지만 다양한 종류의 완성도 높은 전기차가 출시되면서 선택의 폭이 넓어진다.

전기차 판매 대수도 기하급수적으로 증가되면서 올해부터 매년 1.5~2배씩 증가할 것으로 예상된다. 내연기관차의 생존 기간이 그만큼 짧아지고 있다는 뜻이기도 하다. 여기에 기후 변화로 인한 내연기관차의 규제가 강화되고 있다.

기후 변화의 가장 근본적인 주범이 이산화탄소 같은 온난화가스다. 따라서 내연기관차에 대한 규제는 더욱 높아질 수밖에 없다. 또한 친환경차 의무 판매 등 전기차의 세력이 커지는 만큼 이러한 내연기관차 퇴출 압박은 더욱 거세질 것으로 확신한다. 코로나19 등 급변하는 요소로 인한 시장 변화도 전기차의 활성화에 방해가 되기보다는 도리어 촉진요소가 되고 있다.

🎙️ 지난 해 말, 제너럴모터스(GM)가 사기 논란에 휩싸인 수소 트럭 스타트업 니콜라의 지분을 결국 취득하지 않기로 했다. GM은 '제2의 테슬라'라고 불리던 니콜라와 전략적 제휴를 맺기로 합의해 지분 11%를 확보할 예정이었다. 그런데 곧바로 니콜라가 존재하지도 않는 수소 트럭으로 기업을 홍보하고 있다는 사기 논란이 불거졌다.

최근 사기 논란으로 세계적 관심사로 떠오른 나콜라 문제는 여전히 짙은 안개 속에 있다. 니콜라 모터스와 MOU를 체결한 GM의 배터리를 공급하기로 한 LG화학도 완전 자유로울 수 없으며, 역시 1억 달러를 투자하면서 니콜라와 태양광 분야에서 MOU를 체결한 한화그룹도 고민이 많을 것이다. 하나의 지역적인 문제가 발생하면 연계기업으로 문제가 전달되면서 글로벌 문제로 확대되는 특성을 이번 사안을 통하여 확인할 수 있다.

니콜라는 사기 혐의에 대해 미국 증권거래 위원회와 뉴욕 연방검찰청이 함께 조사를 하면서 사면초가에 빠졌다. 머지않아 일부 결과가 나오겠지만 결국 항상 강조하던 수소 트럭 양산 모델이 출시되어야만 이 문제가 해결될 수 있다. 수소차는 전기차보다 만들기 어렵고, 양산형 모델이 가격경쟁력을 갖추기가 힘들다. 핵심이라고 할 수 있는 수소연료전지 시스템인 차량용 '스택'은 소형화,

효율화, 경량화가 우선 돼야 한다. 이런 다양한 해결방안이 나와 가성비를 높여야 하기에 현재 양산형 모델이 출시된 전기차와 결이 다르다.

우스갯소리로 전기차는 초등학생도 구현이 가능하다고 언급되기도 한다. 배터리, 모터, 바퀴만 있으면 장난감 전기차를 만들수가 있기 때문이다. 그래서 니콜라 모터스가 수소 트럭이 아닌 전기 트럭을 구현한다고 했다면 오히려 설득력이 높지 않았을까, 생각한다.

바퀴 달린 것에 투자하라

66 ————————————————————————

물에 개구리를 넣고 서서히 끓이면 개구리는
자기가 죽어가는 것을 모른다. 업황을 잘
이해하지 못하고 투자하는 것은 뜨거워지는
물속에서 죽어가는 개구리와도 같다.
투자할 때 업황 전반의 이해도가 떨어진다면
'장기투자' 하겠다고 투자한 돈은 자신도
모른 채 서서히 증발해갈 것이다. 투자하려고
마음먹은 부품사가 미래차 시장을 대비하고
있는지, 그러한 여력이 되는지에 대한 공부가
반드시 필요하다.

———————————————————————— 99

테슬라 독주 시대, 언제까지 이어질까?

내연기관, 언제까지?

🎙 코로나19 여파에도 유럽 내 주요 국가의 전기차 시장이 19년 대비 98.3퍼센트 급성장했다. 전체 유럽 자동차 시장에서 전기차 비중은 5.53퍼센트를 기록했다. 유럽 자동차 100대 중에 95대는 내연기관이라는 소리다. 내연기관차는 언제까지 명맥을 이어갈까?

아직까지는 전기차는 내연기관차 대비 전위부대라고 생각하면 좋을 것 같다. 전체 자동차 시장에서 내연기관차는 1년에 약 9천만 대가 판매된다. 전기차는 지난해에 3백13만 대 정도 판매되는데 그쳤다. 국내 자동차 등록 대수 2천4백만 대에서 전기차는 13만대 정도를 차지하고 있다. 내연기관차 시장에 비해 전기차 시장은 아직 미미하다고 볼 수 있다.

그러나 단점이 급격히 사라질수록 전기차 보급률은 기하급수적으로 올라갈 수밖에 없다. 4년에서 5년 정도가 지나면 보급률에서 내연기관차를 뛰어넘을 수 있는 동력이 있다. 즉, 2025년 무렵이 전기차가 내연기관차를 뛰어넘을 수 있는 중요한 타이밍이다. 전기차는 아직 보조금을 받고 있는 인큐베이터 모델이다. 그러나 5년 후면 홀로서기에 성공해서 내연기관차와 자동차 시장에서 치열하게 싸울 수 있는 여력이 된다. 그때가 되면 전기차와 관련된 순수 비즈니스 모델이 다양하게 창출될 것으로 예상된다.

테슬라, 과연 거품일까?

🎙 전기차 하면 떠오르는 기업이 테슬라다. 과연 테슬라가 그 명성만큼이나 독자적인 기술력을 갖고 있는 회사인가?

테슬라는 전기차 양산형 모델에 있어서 다른 기업보다 반걸음은 앞선 기술력을 보유하고 있다. 테슬라에서 전기차가 처음 출시될 때 큰 반향을 불러일으켰던 이유는 '자동차'가 아닌 '움직이는 첨단 가전제품'이라는 이미지를 소비자에게 줬기 때문이다. 생김새부터 달랐다. 운전석에 앉으면 기존 차에서 볼 수 있던 계기판이 없고 17인치 모니터만 있다. 내연기관 엔진이 사라져 앞뒤 트렁크 모두 짐을 다 실을 수 있다. 전기차 전용 플랫폼으로 바닥에 배터리와 모터를 설치했다. 디자인도 독자적인 모델이었다. 여기에 오토파일럿 같이 레벨 2.5 정도의 자율주행 기능까지 넣었다.

자동차에 각종 첨단 기술을 융합해서 '움직이는 첨단 가전제품' 혹은 '바퀴 달린 스마트폰'이라는 이미지를 사람들에게 강력하게 심어준 기업이 테슬라다. 더군다나 일론 머스크는 전기차 뿐만 아니라 여러 가지 미래 사업을 진행하면서 첨단의 아이콘으로 떠올랐다. 최근 테슬라 주가가 뛰어오른 이유는 복합적이지만 그중 가장 큰 이유는 일론 머스크가 말로만 떠들던 그림을 시장에 양산화된 모델로 보여주기 시작했다는 데 있다.

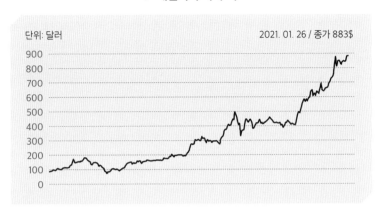

▶ 테슬라 주가 추이

단위: 달러   2021. 01. 26 / 종가 883$

출처: 뉴욕증권거래소

🎙 일론 머스크가 원래 워낙 천재적이지만 행동에 약간 허세도 포함돼 있는 것 같다. 게다가 테슬라 주가가 오르는 것을 보고는 본인 입으로 거품 아니냐고 한 적도 있다.

주가가 올라가자 본인이 더 놀라고 있다. 본인 스스로도 거품을 내는 사람이지만 주가에 거품이 낀 것 같으니 투자자들이 걱정이 됐나보다. 작은 일도 크게 포장했던 과거와 달리 행동과 말을 자제하기 시작했다. 그럼에도 테슬라 주가가 올라간 것은 그만큼 기대가 크다는 것이다. 앞에서도 언급했지만, 이러한 테슬라의 독주도 올해부터는 쉽지 않을 것 같다. 글로벌 제작사에서도 전용 플랫폼을 통해 테슬라처럼 완성도 좋고 움직이는 첨단 제품 이미지를 가진 전기차가 출시되기 때문이다. 특히 현대차그룹에서 출시되는 전기차 기술 수준이 테슬라 이상 갈 정도다. 그래서 2021년 중반쯤 되면 테슬라가 독점하다시피 했던 전기차 시장도 나뉘게 될 거라는 얘기도 돌고 있다.

🎙 현대차가 그 정도의 뛰어난 기술력으로 차를 양산하게 된다면 테슬라가 그때까지 마냥 놀고 있지는 않잖은가.

물론 그렇다. 테슬라가 먼저 출발했으니 다른 기업보다 앞서는 가겠지만 그 간격이 과거에 비해 눈에 띄게 좁아질 것이다. 소비자가 느끼는 가성비로 볼 때 지금 현재로서는 테슬라의 적수가 없다. 2020년에는 국산 전기차 모델조차 나오지 않았다. 올해가 돼서야 나오기 시작한다. 그 첫 번째가 현대차의 아이오닉5로 '45 EV 컨셉트' 모델의 양산형이다. 이 차가 도로를 달리기 시작하면서 소비자들은 현대차의 전기차 기술과 완성도가 어느 정도 올라왔는지 느끼게 될 것이다.

물론 아직까지는 테슬라의 가성비나 기술 수준이 높다. 모델3가 그간의 컨셉트가 실제로 구현되는 모습을 보여주며 글로벌 시장에서 대성공을 거뒀다. 여기에 모델Y와 사이버트럭까지 출시되면 날개를 달고 전기차 선도기업으로 확실히 자리매김할 수 있다. 하지만 테슬라도 단점이 있다. 완성차에 마무리가 덜 돼 있는 점이다. 어떤 마무리냐, 단차가 굉장히 크고 도장도 제대로 안 돼 있는 차가 많다. 나사도 덜 박혀 있는 게 있다. 운행 중에 범퍼가 떨어지는 경우도 두 건 정도 있었다. 그만큼 완성도가 떨어진다.

반면에 현대차는 마무리가 부족한 차량이 없다. 올해에 현대에서 출시하는 전기차 중에 제네시스 전기차 모델까지 포함돼 있다. 올 여름쯤이면 소비자가 테슬라와 현대차 전기차를 타보고 직접 비교해볼 수 있는 상황이 된다. 아마 전기차를 구입하고자 하는 소비자들의 고민거리가 많아지는 해가 되지 않을까 싶다.

▶ 주요 출시 예정 전기자동차

출시브랜드	차	차종
현대	아이오닉5	SUV
기아	CV (프로젝트명)	세단
제네시스	JW (프로젝트명)	SUV
쌍용	E100 (코란도 전기모델)	SUV
메르세데스벤츠	EQA, EQS	SUV
BMW	iX, iX3	SUV
아우디	e트론 스포트백 55	SUV
테슬라	모델Y	SUV

출처: EVPOST

테슬라 독주 시대, 언제까지 이어질까?

🎙️ 테슬라가 50억 달러 유상증자에 나설 전망이라고 발표했다. 그래서 테슬라가 고점 대비해서 하락폭이 좀 큰 편이라고 생각하는데 유상증자가 시장에 미칠 영향에 대해서는 어떻게 생각하는가?

미래에 대한 투자라고 생각하면 된다. 테슬라가 자금 능력에 대한 상대적 고민거리가 많다보니까 자금 융통성과 현금보유량을 늘리겠다는 취지라고 보면 될 것 같다. 현대차의 가장 큰 장점으로 떠오르는 것 중 하나가 미래지향성일 수도 있지만, 현금보유량이 워낙 크다는 것이다. 이것에 대한 기대감이 상당히 높다.

테슬라 유상증자는 현금을 통해서 좀 더 미래에 대한 투자의 역량을 강화하겠다는 뜻인 동시에 지금까지 말로만 전하던 미래 그림을 이제 액션으로 보여주겠다는 뜻이기도 하다. 즉 예전에 이야기만 하고 있던 계획에 한층 속도를 높이고 싶다는 의미다. 그러다 보니까 테슬라가 지금 아시아 쪽에 공장 하나 더 짓겠다고 나섰다. 그래서 우리가 그 시장이 되지 않을까 하는 기대감도 돌고 있다.

테슬라, 한국에 공장 지을까?

🎙️ 테슬라가 쌍용차 인수한다는 루머도 있었고 한국에 공장을 만

들 계획도 있다는 루머를 들은 바 있다.

쌍용차 인수 이야기는 들어봤는데, 쉽지 않을 것 같다. 왜냐하면 한국 GM공장도 생산물량이 줄고 있고 군산 공장도 놀고 있다. 최근 코로나19로 인해 글로벌 시장이 축소되면서 쌍용차는 투자자 찾기 등 고민은 더욱 많아지고 있다. 그만큼 잉여 시설이 굉장히 많다. 잉여 시설이 많은 상태인 쌍용차에 재투자해서 테슬라가 사용한다는 것은 결코 단순한 이야기가 아니다. 가성비 측면에서는 심각하게 고민이 될 사항들이 굉장히 많다.

테슬라는 일단 현금보유량을 늘려 미래에 대한 기술 수준을 업그레이드한 후에 이것을 발판으로 다른 글로벌 제작사 대비 기술력을 차별화하겠다는 전략을 가지고 있다. 테슬라에 대한 기대감이 바로 그것이다. 남들보다 반걸음 앞서면서 시장을 주도한다는 것. 하지만 말했듯이 올해 중반이 되면 시장에 좋은 전기차들이 나오고, 기술 수준 또한 격차가 좁혀진다. 다른 글로벌 기업이 노는 게 아닌 데다가 발전 속도는 더 빨라졌다.

테슬라가 우리나라에서 한두 개 모델만이라도 중심적으로 만들어 출시하게 되면 국내 배터리 기업과 연계해 파생되는 시너지를 다 가져갈 수가 있다. 걱정되는 것은 노사붕괴 문제가 발생하고 있고 우리나라 제도 자체가 포지티브 규제* 일변도라는 것이다. 때문에 국내에서 기업하기가 어려운 상황에 직면해 있다. 여기에 자동차 산업은 고비용 저생산, 저효율, 저수익인 1고 3저가 보편화되어 있고 각 기업의 장점이 뭉친 시너지 효과도 내지 못해 선진국 대비 기술 수준이 낮다. 친환경차 분야는 많이 따라갔으나 선진국 대비 약 90% 수준으로 2년 정도의 격차가 있고, 자율주행차 분야는 아직 75%로 4~5년 격차가 있다. 특히 공유경제 분야는 7년 이상의 격차가 발생해 이미 시작된 먹거리를 놓쳐버리고 있는 실정이다.

🎙 그래서인지 현대차그룹이 자율주행 최고 기술을 보유하고 있다는 앱티브와 합작회사 모셔널을 설립했다.

자율주행차 분야에서 현대차그룹은 다른 글로벌 기업에 비해 기술적 격차가 상당히 있다. 합작회사 설립은 이 낙후된 분야를 올릴 절호의 기회가 되고 있다. 기술력은 있으나 자금이 부족한 앱티브로서도 현대차와의 결합은 시너지를 낼 수 있는 좋은 기회다.

---

* 국내 경제 관련 정책은 포지티브 규제가 주를 이룬다. 포지티브 규제란 '법에 규정한 것만 합법, 나머지는 불법'으로 간주하는 정책이다. 이 때문에 신산업 규정과 법을 일일이 만들어야 하고, 합법화 과정에서 기존 업계 반발에 부딪히는 등 난항을 겪어야 한다. 이미 주요 선진국들은 금지사항 몇 개를 빼고 허용하는 네거티브 정책으로 전환했다. 덕분에 신산업 시장에서 성과를 내는 중이다. 그에 반해 규제에 꽉 막힌 우리는 세계적인 경쟁력 있는 기업 육성에 실패했다.

이런 변화는 미래 먹거리 확보를 위한 큰 전진이다. 현대차는 더욱 큰 그림을 그리고 자동차 융합을 위한 이종 연합을 더욱 가속할 것 같다.

🎙 원래 우리나라 주식투자자들이 미국 주식 중에 마이크로소프트를 가장 많이 가지고 있었다. 그런데 지금은 테슬라 주식을 많이 사들이고 있다. 한국 개인투자자들이 테슬라 10대 주주 안에 들어갔다는 자료도 있다. 그렇다면 테슬라 입장에서는 "어, 한국 사람들이 테슬라 좋아하네?" 하면서 한국에 공장을 설립할 가능성도 있지 않을까?

가능성을 배제하지 않을 것이다. 왜냐하면 국내 시장 인센티브가 워낙 좋다. 모델3이 2020년 상반기에만 7천 대가 판매됐고 12월까지 1만3천 대 수준이 판매됐다. 정부에서 전기차 6만 대가량에 대한 보조금 책정을 해서 전기차를 활성화하려고 했다. 그런데 40퍼센트를 테슬라가 가져갔다. 그래서 외국 기업에 보조금이 많이 지급되고 있다는 비판도 많이 나오고 있다. 테슬라가 국내에서 인기가 많다는 상황을 테슬라 본사에서 모를 리도 없다. 또한 배터리부터 시장성, 기술 수준, 시스템에 대한 것들 모두가 장점이다. 내가 생각했을 때는 한국 공장 설립을 충분히 검토 정도는 할 수 있을 것 같다.

🎙 그렇다면 테슬라 쪽에서 "노조만 해결해줘. 그러면 들어갈게." 이렇게 나올 수도 있겠네요?

　　노사에 대한 문제들은 정부가 보증을 해주고 또 규제에 대한 것들도 원스탑 서비스를 해줄 수 있는 그림을 만들어 단점으로 작용하는 문제들을 풀어준다면 분명 후보 중에 하나로 올라갈 수 있지 않을까 하는 예상이 된다.

▶ 국내 투자자들의 미국 주식 순매수 순위

단위: 달러 / 2020년 5월 18일~6월 17일

순위	종목	순매수 금액
1	테슬라	1억8,742만
2	뱅가드 단기 회사채 ETF	7,794만
3	페이스북	7,295만
4	마이크로소프트	6,850만
5	구글	5,952만
6	보잉	5,884만
7	블랙록 미국 단기 국채 ETF	5,876만
8	인베스코 QQQ 시리즈1 ETF	4,511만
9	월트디즈니	2,992만

출처: 한국예탁결제원

66

2025년 무렵이 전기차가 내연기관차를
뛰어넘을 수 있는 중요한 타이밍이다.
전기차는 아직 보조금을 받고 있는
인큐베이터 모델이다. 그러나 5년 후면
홀로서기에 성공해서 내연기관차와 자동차
시장에서 치열하게 싸울 수 있는 여력이
된다. 그때가 되면 전기차와 관련된 순수
비즈니스 모델이 다양하게 창출될 것으로
예상된다.

99

배터리, 어느 기업에
투자해야 할까

배터리 종류, 알고 투자하자

🎙 모빌리티 관련주가 상승하면서, 배터리 업종에 대한 관심도 높아지고 있다. 하지만 생각보다 배터리를 제대로 알아보지 않고 남들이 하니까 덩달아 투자하는 사람들도 늘어나고 있다. 배터리에 대한 공부가 필요하지 않을까.

2018년, 전기차 배터리 양극화 물질 종류별 점유율은 LFP(리튬·

인산·철) 28퍼센트, NCM523(니켈·코발트·망간) 23퍼센트, NCA(니켈·코발트·알루미늄) 17퍼센트, NCM622 11퍼센트, NCM811 11퍼센트, LMO(리튬·망간·산화물) 3퍼센트 순이었다. 2021년까지는 NCM523과 NCM622가 주류를 이루고, 그 이후에는 NCM811과 NCA가 급속하게 확산될 전망이다.

1. LFP(리튬·인산·철) 배터리

LEP 배터리는 주로 중국계 배터리 업체들이 주력으로 삼고 있다. 세계시장 점유율 상위 업체인 CATL(寧德時代, 닝더스다이), BYD(比亞迪, 비야디) 등이 만들고 있고, 중국 내에서 판매되는 전기차에 공급된다. 이 배터리는 중국 상하이 테슬라 기가팩토리에서 생산되는 모델3에 납품되고 있다.

LFP 배터리는 니켈, 코발트, 망간 등 고가의 금속 대신에 저렴하고 안정적인 철을 양극재로 사용한다. 따라서 가격경쟁력이 높다는 게 장점이다. 그러나 단위면적당 에너지 밀도가 낮아 부피는 크고 무겁다는 단점이 있다. 그래서 지금까지는 버스나 중장비용 배터리로 사용돼 왔다. 기술이 발전되면서 낮은 에너지 밀도가 개선되며 자동차용 배터리로도 사용되고 있다.

2. NCM, NCA, NCMA 배터리

니켈·코발트 계열 배터리로 LG화학, 삼성SDI, SK이노베이션과 파나소닉 같은 일본 업체들이 생산하고 있는 제품이다. 에너지 밀도가 높아 부피가 작고 효율이 높기 때문에 자동차용 배터리에 적합하다. 그러나 가격이 비싸고 화재 위험성이 높다는 단점이 있다. 화재로 사망자가 발생하는 등 원인이 정확하게 밝혀지지 않는 화재 소식을 자주 듣게 된다. 2020년 들어서는 유럽을 주력시장으로 하는 LG화학(2020년 12월 1일 LG에너지솔루션이라는 자회사로 물적분할. 이하 LG에너지솔루션)과 중국의 거대한 시장을 타깃으로 하는 CATL의 선두 다툼이 치열하다. 바이든 미국 대통령의 공약대로 미국 시장이 본격적으로 개화되면 기술적으로 앞서 있는 LG에너지솔루션 등 삼원계 배터리사들의 선전이 기대된다.

3. 전고체 배터리

배터리는 양극, 음극, 분리막, 전해질의 4가지로 구성이 된다. 그중에서 전해질이 고체로 되어 있는 배터리를 전고체 배터리라고 부른다. 전고체 배터리는 에너지 밀도가 높고 불연성 고체이기 때문에 화재 가능성이 낮다. 원가를 낮추고 효율을 높이려면 대용량의 배터리가 유리한데 전고체 배터리는 대용량을 구현하기에 용이하기 때문에 미래형 배터리라고도 부른다. 모든 배터리 회사들이 전고체 배터리의 빠른 양산을 위해 경쟁하고 있다. 현재까지 알려진 바로는 LG에너지솔루션은 2028년 이후, 삼성SDI는 2027년 양산을 목표로 개발에 매진하고 있다. 폭스바겐이 투자한

QuantumScape는 2025년 생산을 목표로 하고 있다고 한다. 일본 토요타도 조만간 양산을 계획하고 있다. 그러나 2차전지 시장 내에서 전고체 배터리 침투율은 2030년에 3.8퍼센트로 예상된다고 하니까 아직은 갈 길이 멀다고 하겠다.

4. 리튬·황 배터리

리튬·황 배터리 역시 차세대 배터리의 한 가지로 꼽힌다. LG에서 드론용으로 리튬·황 배터리를 장착해서 고도 22킬로미터의 성층권에서 시험비행에 성공했다고 한다. LG에너지솔루션에서는 영하 70도의 성층권에서도 안정적으로 배터리의 충·방전이 일어난 것에 큰 의미를 둘 수 있다고 밝혔다. 원래 리튬·황 배터리는 에너지 밀도가 높고 가격이 저렴하고 가볍다는 게 장점이다. 다만 수명이 짧고, 양극재 소재인 황이 전기전도성이 낮아서 전해질이 많이 필요하다는 단점이 있다.

전기차 가격의 약 40퍼센트를 차지하는 배터리

🎙 전기차를 사용하는 사람들이 조금씩 늘고 있다. 2020년 노르웨이에서 전기차가 7만6천 대 이상 판매돼 시장점유율 54.3퍼센트를 차지했다고 한다. 놀라운 통계지만 아직까지는 전기차가 눈에

잘 띄지 않아서 전기차 시장이 어느 정도 확대되고 있는지 감이 잡히지 않는 분들도 많다.

전기차가 글로벌 제작사의 주력으로 등장하면서 내연기관차를 위협하고 있으나 아직은 시장에서 차지하는 비중은 미미하다. 연간 약 9,000만 대 판매되는 세계 자동차 시장에서 전기차는 아직 300만 대 정도 팔리는 수준이다. 하지만 판매량이 매해 1.5배 이상씩 증가하고 있어 위세가 점차 커지고 있다. 또한 5년 이내에 전기차 가격에서 약 40퍼센트를 차지하고 있던 배터리 가격을 반으로 줄이게 되면 판매 속도는 더 빨라질 전망이다.

올해부터 본격적으로 좋은 전기차가 양산된다고 말했던 이유 하나가, 글로벌 기업이 전기차 전용 플랫폼을 만들었다는 데 있다. 전기차 전용 플랫폼을 사용하면 배터리와 모터 등 부피가 크고 무거운 부품이 바닥에 설치돼 공간을 자유롭게 설계하고 활용할 수 있다. 그래서 디자인 완성도가 높으며, 무게 중심이 더욱 낮아져 주행 성능도 좋아진다.

전기차 전용 플랫폼을 통해 필요 없는 배선도 약 70퍼센트 이상 줄일 수 있다. 여기에 대량생산 체제가 가능해지면서 흑자 전환도 가능해진다. 이러한 전기차 전용 플랫폼이 본격적으로 보급되는 시점이 올해 중반이다. 그동안 절대 권력으로 군림한 테슬라에게는 쉽지 않은 시장이 될 이유 중 하나다.

최근 GM이나 폭스바겐 그룹이 천문학적인 비용을 투자해 수십 종 이상 전기차를 생산하고 상당수 공장을 전기차로 전환하겠다고 선언했다. 유럽에서 나올 양산 전기차만 50종이 넘는다고 할 정도다. 이제 전기차는 흘러가는 바람이 아니다. 시장을 주도하는 세력으로 탈바꿈하기 시작했다고 할 수 있다.

물론 내연기관차가 당장 죽는 것은 아니라 당분간 주도 세력으로 유지할 것으로 판단되지만 그 기간이 빠르게 줄어들고 있다. 그만큼 전기차 위상과 소비자 인식이 많이 달라졌다. 이런 가운데 내연기관차 분야는 앞서 말한 대로 자동차를 공부하는 학생들조차 기피하고 있을 정도다. 내연기관차 종식 속도도 더욱더 빨라지고 있다는 뜻이기도 하다.

🎤 배터리 종류에 대해 이야기하면서, 배터리 화재 이야기가 나왔다. 전기차 이용자가 늘면서 전기차 화재 관련한 사건사고도 심심치 않게 들려오고 있다.

전기차가 수면 위로 올라오면서 획기적인 기술적 진보와 더불어 난제도 발생하고 있다. 최근 전기차 화재로 인한 문제가 국내는 물론 글로벌 시장에서 주목받고 있다. 원인은 모두가 배터리에서 시작됐다.

전기차에서 가장 대중적으로 사용되는 리튬·이온 배터리는 가장 큰 약점이 열이 많다는 것이다. 최근 발생한 연이은 화재 사고의 원인은 배터리 셀 제작 불량 때문일 수도 있으나 무리한 과충전이 반복되면서 생긴 열 폭주 현상 때문일 수도 있다. 최근 발생한 테슬라 모델X 사고도 충돌 후 프레임이 밀리면서 바닥에 장착된 배터리가 압력을 받아 발생한 화재로 보인다.

전기차 보급이 늘면 폭발성 화재로 탑승자 생명이 위협을 받는 일도 늘어날 수 있다. 감전 사고는 아직 등장하지 않고 있다. 그러나 3~4중 안전장치가 되어 있어도 여름철 홍수로 인한 차량 하부가 침수가 되면 이로 인한 감전이나 누전 문제가 등장할 가능성도 높다. 우리나라만의 특수한 문제도 있다. 전국 도로에 과속방지턱이 설치돼 있는데, 이 방지턱이 전기차 하부에 배치된 배터리에 충격을 줘서 위험한 상황을 불러올 수도 있다.

비 오는 날에 전기차를 충전하다가 생길 수 있는 위험도 있다. 쏟아지는 비에 젖은 손으로 지붕이 설치돼 있지 않은 충전기에서 충전하다가 감전하는 사고도 발생할 수 있다. 따라서 전기차 대중화에 따른 다양한 대비가 필요하다. 당장 전기차 충돌 사고가 일어났을 때도 문제다. 전기차는 화재 진압 장비가 다르고 소화재도 다르다. 여러 문제를 예상하며 철저한 준비를 해야 한다.

전기차 시장은 현재 '기회'와 '위기'가 동시에 등장하는 교차시기에 있다. 그럼에도 전기차는 모든 악재를 극복하면서 내연기관차가 쓴 130여 년 역사를 뒤엎고 자동차 역사를 새롭게 쓰고 있다. 이 기간이 앞으로 약 20년 동안 우리 생활에 펼쳐질 것으로 예상된다. 위기를 줄이고 기회를 늘리는 현명한 방법이 요구되는 시기다.

🎤 국내 배터리 3사인 LG에너지솔루션, 삼성SDI, SK이노베이션이 2020년 시장 점유율에서 각각 세계 2위, 5위, 6위를 기록했다. 원래는 세계 점유율 1위를 두고 CATL과 파나소닉이 경쟁을 하고 있었다. 그러나 2020년 들면서 LG에너지솔루션이 시장 점유율 25.1퍼센트를 차지하면서 일시적이지만 1위에 올라서기도 했다.

LG에너지솔루션은 세계 1위로 올라갈 만한 수준이 충분하고, 자격 또한 있다고 생각한다. 그만큼 배터리 기술 수준이 가장 앞서 있다. CATL 같은 경우에는 중국 정부에서 강하게 밀어주는 덕분에 전체 매출의 40~50퍼센트를 중국 시장에서 내고 있는 편이다.

어떻게 보면 질적인 것보다 양적인 것에 치중됐다고 볼 수 있다.

그러나 이제는 배터리 시장에서도 진검승부가 시작된다. LG에
너지솔루션의 배터리 기술 수준과 시스템을 세계 시장에서 잘 알
고 있기 때문에 러브콜이 굉장히 많이 오고 있다. LG에너지솔루
션, CATL, 파나소닉, 삼성SDI 등이 시장 점유율이 높은 편이다. 배
터리 시장 진검승부가 본격적으로 시작되면 삼성SDI와 SK이노베
이션의 점유율도 함께 올라갈 것으로 예상된다.

국내 배터리 3사의 기술력은?

🎙 우리나라 배터리 3사가 갖고 있는 배터리 기술이 모두 똑같지
는 않을 것 같다. 각 회사마다 특화된 기술이 있을까?

회사마다 가지고 있는 기술은 약간씩 다르다. 삼성SDI는 독자
기술력으로 NCA(니켈·코발트·알루미늄) 양극재를 개발 중이다. 이미
소형전지에는 적용된 상태로 연내 전기차용 NCA 양극재 및 배터
리 개발을 완료한다는 계획이다. NCA는 NCMA(니켈·코발트·망간·알
루미늄)와 함께 차세대 배터리 시장을 선도할 양극재로 불린다.

LG에너지솔루션은 NCM 배터리에 알루미늄을 첨가한 NCMA 개발을 진행 중이다. NCMA 배터리는 코발트 비중을 5%로 줄이고, 니켈 함량을 90퍼센트까지 늘린 것이 특징이다. 새로운 배터리 원천기술 개발을 통해 올해 양산 계획에 있고, GM의 전기픽업트럭에 최초로 탑재된다고 한다. NCMA 배터리 주행거리는 600킬로미터 이상이다.

SK이노베이션은 NCM 계열의 배터리를 개발하고 있다. 이 배터리는 니켈 함량을 88퍼센트로 올린 제품이다. 기존 NCM811 배터리보다 니켈 비중을 8% 높였다. 니켈 88퍼센트, 코발트 6퍼센트, 망간 6퍼센트로 구성된 차세대 배터리다. 니켈 함량을 높여 전기차 주행거리를 500~600킬로미터로 늘리고, 코발트 비중을 줄여 제조 단가를 낮추는 것이 핵심이다.

🎙 배터리 소재는 코발트가 유일하다고 알고 있다. 더 저렴한 대체 재료가 있을까?

개발 중이다. 배터리 시장에서 가격이 높고 노동 착취 논란이 일고 있는 코발트 사용량을 줄인 제품을 개발하는 것은 시장의 흐름이 되고 있다. 리튬·인산·철 배터리를 CFP 계열, 이렇게 이야기한다. 현재는 니켈, 코발트, 망간이 8대 1대 1 들어가고, 9대 0.5대

0.5 비율도 개발되고 있다. 그런데 망간이나 코발트 같은 소재의 비용이 비싸다. 그래서 비용을 낮출 수 있는 알루미늄 소재로 대체하는 기술을 SK이노베이션이라든지, 삼성SDI 쪽에서 개발하고 있다. 알루미늄을 넣어서 비용을 줄이고 성능을 유지하거나 올리는 기술이다. 이런 기술들은 지금 연구되고 있으며 2년에서 3년 이내에 구현이 가능하다.

🎙 전고체 배터리 이야기도 자주 들리고 있다.

앞으로 6~7년 이내에 전기차에 전고체 배터리를 탑재하겠다는 생각은 어느 기업이든 다 똑같이 하고 있다. 누가 먼저 양산형 전고체 배터리를 출시하느냐가 관건이다. 전고체 배터리는 아직 컨셉 개념이다. 양산형은 안정도부터 모든 게 확인이 된 후에 출시된다. 백신도 실험용으로 맞는 것과 양산형으로 맞는 것이 다르다. 양산형과 컨셉 개념의 격차가 상당히 크다. 현재 배터리 발전은 대한민국 배터리 업계가 주도하고 있는 편이다. 앞으로 배터리 기술은 LG에너지솔루션을 중심으로 기대해도 좋다. 물론 해외 유수의 배터리 회사와의 전쟁은 더욱 치열해질 것이다.

"

국내 배터리 3사인 LG에너지솔루션,
삼성SDI, SK이노베이션이 2020년 시장
점유율에서 각각 세계 2위, 5위, 6위를
기록했다. 원래는 세계 점유율 1위를 두고
CATL과 파나소닉이 경쟁을 하고 있었다.
그러나 2020년 들면서 LG에너지솔루션이
시장 점유율 25.1퍼센트를 차지하면서
일시적이지만 1위에 올라서기도 했다.

"

왜 배터리 기업을
주목해야 하는가

테슬라 배터리데이에서 본 미래

🎤 2020년 9월에 있었던 배터리데이에서 일론 머스크가 3년 내로 2만5천 달러짜리 전기차를 내놓겠다고 발표했지만 기대보다 발표 내용이 실망스러웠다는 평가가 있다. 소문난 잔치에 먹을 게 없다는 말도 나왔다.

배터리데이 전만 하더라도 "100만 마일 즉, 160만 킬로미터를 운행할 수 있는 배터리가 나올 것이다.", "현재 1Kwh당 130~140달러 드는 가격을 80~90달러로 낮추는 저가형 배터리가 나올 것이다." 이런 이야기가 많았다. 또 테슬라가 자체적으로 배터리를 생산하면서 시스템 자체가 소용돌이치게 될 것이라는 분석도 나왔다. 그런데 이런 주제는 거의 발표하지 않았다.

알맹이가 빠졌다고도 볼 수 있지만 현장 상황을 반영한 반걸음 앞선 전략이 엿보였다. 과도한 홍보가 아니라 실질적이고 실현 가능한 전략이 언급됐기 때문이다. 배터리데이 발표의 핵심은 배터리 자체 생산과 새로운 배터리 규격으로 가격 하락과 성능을 개선하겠다는 이야기였다. 전기차 가격에서 배터리가 차지하는 비중이 약 40퍼센트를 차지하는 만큼 이런 한계를 넘지 않고서는 경쟁력을 잃게 된다.

배터리데이의 내용을 한 문장으로 표현하자면, '전기차를 더 오래 달리게 하고 가격은 절반 수준인 배터리를 자체 개발해 3년 뒤에 선보이겠다'는 것이었다. 하지만 단기간에 대규모 배터리 제조설비를 갖추는 것은 불가능에 가까운 일이기 때문에 테슬라가 배터리 자체 생산 능력을 길러 기존 배터리 업체 의존도를 줄여가겠다는 의미로 해석할 수 있다. 배터리 공급 부족 상황을 테슬라가 그만큼 의식하고 있단 뜻이다.

일론 머스크도 배터리데이를 하루 앞두고 SNS를 통해 2022년 배터리 공급 부족 가능성을 거론하며 LG에너지솔루션(당시는 LG화학) 등 기존 공급사들로부터 배터리 주문량을 늘리겠다고 밝혔다. 이처럼 전기차 배터리는 확실한 미래 먹거리로 떠오르고 있다.

🎙 다가오는 배터리 시대 속에서, 어느 기업이 승자가 될까? 배터리 시장의 전망은?

전기차 및 배터리 시장은 급격히 팽창하고 있다. 2019년 기준 전 세계 전기차 누적 판매량은 717만 대로 전년 대비 40.3퍼센트 급증했고, 전기차용 배터리 시장 규모 또한 지난 2016년 150억 달러에서 2019년 388억 달러로 2배 이상 커졌다. 2026년 전기차 배터리 수요는 2016년 대비 526.7퍼센트 증가한 939억 달러를 기록할 것이라는 전망도 나온다.

▶ 주요기업 전기차 배터리 시장점유율 순위

순위	2019년	2020년(11월)
1	CATL(中)	CATL(中)
2	파나소닉(日)	LGES(韓)
3	LGES(韓)	파나소닉(日)
4	BYD(中)	삼성SDI(韓)
5	삼성SDI(韓)	SK이노베이션(韓)

출처: SNE 리서치

바퀴 달린 것에 투자하라

현재 세계 배터리 시장은 한국과 중국, 일본의 경쟁 구도다. 한·중·일 업체들이 전 세계 전기차용 배터리의 90퍼센트 이상을 공급하고 있는데, 2020년 들면서 LG에너지솔루션·삼성SDI·SK이노베이션 등 한국 배터리 3사의 존재감이 괄목할 만한 수준으로 커졌다. 2020년 상반기 국내 3사의 세계 시장 점유율은 34.5퍼센트로 전통적 배터리 강자인 중국과 일본을 앞섰다. 2016년 9.5퍼센트에서 4년 만에 4배 가까이 늘어난 수치다.

한·중·일 3국의 배터리 경쟁 구도는 기업의 투자 불확실성, 정부의 보조금 정책, 국제 관계에서의 통상 이슈 등 여러 요인으로 시시각각 변화해왔고 이런 변수에 따라 점유율 순위는 언제든 뒤바뀔 수 있다. 앞으로 2~3년 동안의 성취가 훗날 배터리 업계 지형도를 가를 것이라는 분석이 나오는 가운데 미래 먹거리 선점을 위해 각국 정부의 움직임도 분주하다.

중국은 자원 외교를 통한 소재 확보 노력을, 일본은 올해 희토류, 코발트 등 34개 전략 금속 공급 안정화를 위해 특별 통제를 강화하고 있다. 업계는 정부 차원의 보다 적극적인 노력이 절실하다고 얘기하고 있다.

부상하는 배터리 시장에서 완성차 업체들의 배터리 자체 생산 움직임도 주요 변수로 꼽힌다. 완성차 업계는 미래 수요를 대비한 안정적 공급망 확보를 위해, 또 전기차 시장의 주도권을 잡기 위해 배터리 개발에 사활을 거는 모습이다.

앞서 알아본 테슬라를 비롯해 BMW는 자체 배터리 개발을 위해 지난 4년간 2억 유로를 투자해왔고 토요타 역시 1조5천억 엔(약 16조8천억 원)을 투입해 자체 배터리를 개발한다는 계획을 세워놓고 있다. 이와 관련해 지난 2020년 현대차그룹 정의선 회장은 국내 배터리 3사 수장과 연쇄 회동을 펼쳤다. 이는 주목할 만한 움직임이다. 3사 배터리 업체 간 경쟁은 불가피하겠지만 현대차그룹과 각 배터리 업체 간 협업은 미래 모빌리티 시장에서 '코리안 어벤저스' 동맹으로 진화할 수 있다는 분석이 나온다.

🎙 배터리데이 후, 외신의 반응은 차가웠다. 로이터통신은 "머스크는 테슬라 배터리 설계와 제조비용 절감 계획을 매우 급진적으로 설명하며 2만5천 달러짜리 자율주행 전기차 생산이 가능할 것이라고 얘기했으나, 그 계획을 완성하는 데 3년 이상 걸릴 수 있다고 말해 주가를 끌어내렸다"고 설명했고, 블룸버그 통신은 "배터리데이는 획기적인 기술 도약이 아닌 몇 가지 점진적인 기술 개선책만을 제시했다"며 "테슬라 모델3을 3만5천 달러 가격대에 내놓겠다고 약속해왔지만 이를 실현하지 못한 상황에서 더 값싼 '미스터

리' 신차 모델에 대한 전망을 제시하는 등 (투자자에게) 장난을 했다"
고 강하게 비판하기도 했다.

테슬라의 배터리데이가 국내에서도 특히 큰 주목을 받은 것은
전기차와 배터리가 우리 경제에도 큰 비중을 차지하기 때문이다.
국내 재계 서열 다섯 손가락 안에 드는 그룹들이 모두 관련이 있
다. 현대차는 테슬라의 경쟁사며 LG에너지솔루션, 삼성SDI, SK이
노베이션은 배터리를 만드는 회사다. 롯데와 포스코도 화학계열사
를 통해 배터리 소재를 만든다.

테슬라의 배터리 내재화 계획이 실현되기까지는 약 3년의 시
간이 남았다. 테슬라뿐만 아니다. 전기차를 생산하는 글로벌 기업
은 배터리를 자체 생산하고자 할 것이다. 그러나 배터리를 자체 생
산하기까지 기술력을 갖춘 배터리 회사에 의지하는 것이 더 클 것
이다.

전기차용 배터리로 현재 대세는 리튬·이온 전지와 리튬·이온·
폴리머 배터리다. 지난해 국내에서 기록한 이차전지 수출액 62조
7,449억 달러 가운데 리튬·이온 전지(59.4퍼센트), 리튬·이온·폴리머
전지(10.6퍼센트) 수준으로 국내 배터리 시장을 주도하고 있다.

일론 머스크는 자신들이 직접 배터리를 양산하기까지 시간이 걸리기도 하지만 그때가 되면 전기차 시장이 훨씬 커져서 배터리 공급량이 절대적으로 부족할 것이라는 전망도 냈다. 배터리 수요는 기하급수적으로 늘어나는데, 배터리 업체들의 생산량이 이를 못 따라갈 거라는 얘기다.

이러한 점이 국내 기업들한테는 상당히 좋은 호재로 작용을 하고 있다. 테슬라가 현실에 눈을 떴지만, 전기차의 혁신의 아이콘이라는 것은 변함이 없다. 도리어 이렇게 안정되게 가면서 테슬라에 대한 투자가 안정된 투자가 되지 않을까 하는 기대도 할 수 있다.

🎙 테슬라의 전고체 배터리 기술에 대해 기대감도 많았다. 그러나 언급 되고 있지 않다. 테슬라가 기술보안 문제로 공개를 안 한 것인지 아니면 아직 상용화까지는 상당한 시간이 필요한 것일까?

아직까지는 배터리가 만만치 않다는 것을 보여주는 것이다. 왜냐하면 전고체 배터리는 아직 실체가 완전치는 못하고 시범적으로만 적용하고 있다. 그래서 양산형 모델의 적용까지는 몇 년이 걸린다고 보고 있다. 아마 전고체 배터리가 실제로 양산되기까지는 적어도 3~4년 정도 더 필요하지 않을까 싶다.

배터리 소재에는 음극제, 양극제, 분리막이 있다. 그 안에서 충방제 역할을 하는 전해질이 가장 중요하다. 그러나 지금 들어가 있는 전해질은 고체가 아니라 젤 형태다. 이 젤이 흔들리면서 열이 많이 발생한다. 그래서 외부 충격에 약하다. 배터리 충격으로 인해서 폭발성 화재를 일으켜 사망한 운전자도 있다. 이러한 젤 형태, 불완전한 전해질을 고체로 바꾸는 것을 전고체 배터리라고 한다.

전해질을 고체로 바꾸게 되면 안정도가 높아진다. 에너지 밀도를 높이면서 실질적으로 충격에 강해 열로 인한 폭발성 화재가 없어진다. 국내 배터리 3사도 전고체 배터리를 만들기 위해서 굉장히 많은 노력하고 있기 때문에 그 시장을 우리 기업들이 주도할 수 있지 않을까 하는 기대를 가지고 있다.

▶ 2차 전지 판매 실적 및 전망

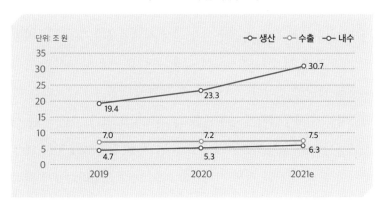

출처: 산업통산자원부

글로벌 제작사, 배터리 기업 인수 가능성

🎙 테슬라 같은 글로벌 기업이 어마어마한 자본을 가지고 LG에너지솔루션 인수를 시도할 가능성이 있을까?

없다. 불가능하다. 왜냐하면 배터리 시장에서 LG에너지솔루션의 위치가 황금알을 낳는 거위다. 돈으로 가치를 따지기가 상당히 어렵고 불가능하다.

🎙 테슬라가 배터리 회사를 자회사로 만들 것이다, 하는 얘기도 있다. 그렇다면 현대차는 그런 시도를 어느 정도까지 하고 있는 것일까?

미래 모빌리티 시장을 누가 주도할 수 있는가를 먼저 살펴보자. 라이다 센서 같은 자율주행차 센서 개발업체가 차지하는 비중도 커질 것이고, 주문형 반도체 같은 차량용 반도체 회사도 일정 수준을 담당할 것이다. 특히 자동차 운행을 책임지는 알고리즘, 즉 인공지능의 개발업체가 주도권을 쥘 가능성도 크다. 따라서 현 시점에서는 미래 모빌리티 주도권을 누가 가질 것인지 누구도 예상하기 힘들다. 확실한 것은 전기차와 같은 미래 모빌리티에서 핵심적인 역할을 담당하는 게임 체인저급 기술 주도권을 누가 가지느냐에 따라 시장이 재편된다는 점이다.

그중 하나가 바로 미래 배터리라고 할 수 있다. 그만큼 전기차에서 배터리는 전체 가성비와 특성을 책임질 핵심 부품이다. 배터리 개선 없이는 전기차의 발전도 한계가 있다. 몇 년 이내에 생산될 전고체 배터리도 그렇고 다른 미래 소재를 사용하는 배터리도 미래 배터리를 주도할 수 있을 것으로 예상된다. 그러나 현재와 같이 배터리 제작사가 공급하는 배터리를 글로벌 제작사가 받아서 전기차를 생산하는 방법은 한계가 있다. 아무리 전기차를 잘 만들어도 제대로 된 배터리를 실시간으로 공급받지 못하면 전기차 제작과 판매는 불확실해지기 때문이다.

현대차그룹은 전기차 전용 플랫폼을 기반으로 하는 가성비 최고의 전기차를 다양하게 선보일 예정이다. 그 플랫폼을 무기로 현대차, 기아차 또한 전기차 선도 기업으로 도약할 수 있다. 이를 감안해 현대차그룹도 배터리 자체 생산을 고려하고 있다.

현대차그룹이 전기차 개발 초기에 최고 원천기술을 보유한 배터리 기업을 인수했다면, 현재 배터리 계열사는 그룹 내에서 효자 기업으로 자리매김했을 것이다. 테슬라도 현재 경쟁력 있는 배터리 회사 인수 등을 하며 합종연횡을 추진하고 있다. 그러나 세계에서 경쟁력 있는 배터리 스타트업은 쉽게 구할 수 있는 대상이 아니라는 게 걸림돌이다.

현재 글로벌 제작사들의 고민은 '과연 미래에도 과거와 같이 슈퍼 갑이 되어 주도권을 쥐고 모빌리티 시장을 주도할 수 있을까'라는 것이다.

지금 상황은 예전과 다르다. 전기차 모델의 경우에는 수직 하청 구조보다는 수평 구조에 가깝기 때문에 제작사의 주도권이 흔들리고 있다. 배터리 회사와 수평관계가 이어지면서 목소리 내기도 힘들게 됐다. 완벽한 수직 구조를 통한 일사불란한 생산은 한계가 있게 마련이다. 미래의 경쟁력 확보 측면에서 현재 구조는 문제가 있다고 할 수 있다.

시간이 걸리겠지만 자동차 제작사들은 모두 배터리 회사 소유를 목표로 수단 방법 가리지 않을 것이라 예상한다. 테슬라가 먼저 그 목표를 이룰 것이고 다른 제작사들로도 점차 확산될 것이다.

미래 모빌리티는 어떤 기업이든 적과의 동침은 기본이 돼야 한다. 누가 더 적극적으로 협력관계를 만들어 가는가가 성공의 관건이 될 정도다. 합종연횡과 타 기업과 공동 개발에 힘쓰며 융합에 힘써야 한다. 한 기업이 모든 것을 가지기 힘들다. 경쟁력 있는 기업과 공동체를 형성해서 타사 대비 경쟁력 있는 제품 출시를 해야 하기 때문이다.

그러나 결국 모든 것을 가져야만 최고 경쟁력을 갖출 수 있다. 한동안의 합종연횡을 거쳐 다시 한 번 수직 하청 구조의 완벽체로 재탄생하는 날이 올 수도 있다. 글로벌 자동차 제작사와 배터리 제조회사의 치열한 동침이 끝나고 다시 경쟁하는 관계로 만날 가능성이 높다. 그때가 되면 각자 살기 위해 더욱 치열한 생존경쟁이 펼쳐질 것이다. 그만큼 모빌리티 시장은 지금 이 순간에도 큰 변화가 일고 있고 이를 주도하기 위한 생존경쟁도 더욱 치열하게 전개되고 있다.

현대차, 과연 경쟁력 있는가?

🎤 현대차에 아이오닉이라는 전기차 브랜드가 있다. 글로벌 시장에서 어느 정도 선전할 거라고 혹시 예상하는가?

현대차그룹이 공개한 전기차 전용 플랫폼 E-GMP는 전기차만을 위한 최적화 구조로 설계됐다. E-GMP에 모듈화 개념을 도입해 다양한 상품을 만들 수 있게 했다. 모듈화는 플랫폼을 구성하는 부품들을 일정한 단위로 조합해 '모듈'로 구분한 것이다. 쉽게 말해 모듈화된 부품을 레고블록처럼 끼워 전기차를 만들 수 있게 한다. 세단, 크로스 오버 유틸리티(CUV), 스포츠 유틸리티(SUV) 등 다양한 차종과 차급을 생산할 수 있다.

E-GMP에 적용되는 전기차는 대용량 배터리와 고성능 모터를 탑재하고, 중량 배분과 저중심 설계를 통해 구동 성능을 극대화한 것이 특징이다. 현대차에 따르면 E-GMP를 기반으로 만들어지는 전기차는 1회 충전으로 500킬로미터 이상(국내 기준) 주행할 수 있다. 현재까지 나온 현대차의 전기차 중 가장 긴 주행거리를 가지고 있는 모델이 코나EV의 406킬로미터였다. 이 모델과 비교하면 비약적인 발전이다.

E-GMP는 후륜 2WD의 기본 방식에서 전륜에 모터를 추가로 탑재하면 AWD(4WD) 방식의 구동도 가능하도록 설계됐다. 아울러 짧은 오버행(차량 끝에서 바퀴 중심까지의 거리.)과 긴 휠베이스(앞바퀴와 뒷바퀴 차축 간 거리.)로 탑승 공간을 극대화된다. 실내를 양분하는 센터 터널이 사라지고 편평한 바닥이 만들어져 다양한 공간 활용도 가능하게 됐다.

바퀴 달린 것에 투자하라

전기차에서 중요한 배터리 충전 속도도 향상된다. 현재 대부분 전기차들이 400볼트의 충전 시스템을 갖추고 있는 것과 달리 E-GMP 기반 전기차는 800볼트 충전 시스템을 갖추고 있다. 현대차에 의하면 초고속 급속충전기 이용 시 18분 이내로 80퍼센트 충전 가능하며, 5분 충전으로도 100킬로미터를 주행할 수 있다.

▶ 현대·기아차 E-GMP 기반 전기차 출시 계획

출시연도	차량명	차급	배터리 공급사(업계 예상)
2021년	아이오닉5	준중형 CUV	SK이노베이션
	기아 CV(프로젝트명)	준중형 CUV	SK이노베이션
	제네시스 JW EV	준중형 CUV	SK이노베이션
2022년	아이오닉6	세단	LG에너지솔루션, 중국 CATL
2024년	아이오닉7	대형 SUV	미정

출처: 산업통산자원부

현재 전기차 중 800볼트 충전 시스템을 갖춘 차량은 포르쉐의 고성능 전기차인 타이칸EV 정도다. E-GMP 기반 전기차는 400볼트용 충전 시스템용 급속충전 시설도 별도 부품 없이 이용할 수 있게 제작했다. 800볼트용 충전기 인프라도 빠르게 확충할 방침이다.

이 E-GMP을 적용한 첫 모델인 '아이오닉5'의 티저 이미지를

2021년 1월 13일에 공개하며 테슬라가 주도하고 있는 글로벌 전기차 시장에 도전장을 던졌다. 여기에 테슬라는 중형 SUV 모델Y를 같은 날 공개하면서 맞불을 놨다. 폭스바겐, GM 등 글로벌 완성차 업체들도 줄줄이 전용 플랫폼 신차 출시를 앞두고 있다.

과거였다면 테슬라의 일방적인 승리라고 볼 수 있겠지만, 아이오닉5의 완성도가 뛰어나 올해 치열한 경쟁이 예상된다. 전기차에 대한 브랜드 이미지는 테슬라가 아직은 높지만 아이오닉5가 옵션, 차의 완성도, 디자인, 가격경쟁도에 이르기까지 테슬라에 뒤지지 않는 모델이다.

66 ————————————————

미래 모빌리티는 어떤 기업이든 적과의
동침은 기본이 돼야 한다. 누가 더
적극적으로 협력관계를 만들어 가는가가
성공의 관건이 될 정도다. 합종연횡과 타
기업과 공동 개발에 힘쓰며 융합에 힘써야
한다. 한 기업이 모든 것을 가지기 힘들다.
경쟁력 있는 기업과 공동체를 형성해서 타사
대비 경쟁력 있는 제품 출시를 해야 하기
때문이다.

———————————————— 99

현대의 수소차 시대,
언제 열릴까

수소차 시장의 전망

🎙 수소차 시장이 전기차 시장과 따로 가는 게 아니라 같은 방향으로 가면서, 양분화가 된다고 했다. 수소차 시장이 앞으로 어떻게 전개될 것으로 보고 있나?

먼저 전기차와 수소차라는 두 개념의 정리도 필요할 듯하다. 이미 두 모델은 친환경차를 대표하는 차종이다. 점차 국제적으로 규제가 강화되고 있는 내연기관차를 대신할 수 있는 친환경적인 이동수단이다. 향후 수십 년 사이에 미래를 주도하는 차량이라 할 수 있다. 전기차는 이미 10여 년 전부터 본격적으로 등장했고 이제는 자동차의 주류로 편입됐다고 할 수 있다.

물론 아직 갈 길은 멀다. 아파트 거주 특성을 고려한 공용 주차장의 충전기 설치 등 한국형 선진 모델의 구축이 필요하다. 여기에 전기차에 충전되는 전기 에너지의 신재생 문제도 가지고 있다. 간접적인 오염원 또한 줄여야 한다는 측면에서 중요한 해결과제라 할 수 있다. 전기차는 환경적인 문제를 해결하면서 이동수단의 극대화라는 측면에서 더욱 인기를 끌고 있다. 내연기관차의 현실적인 대안이라는 것이다.

수소차는 마지막 궁극의 차라고 할 수 있을 정도로 최고의 친환경성을 가지고 있다. 지구의 기본 원소인 수소와 공기 중에 포함된 산소를 결합시켜 에너지를 만들어 내고 찌꺼기는 물만 배출하는 가장 완벽한 시스템을 자랑하고 있다.

지난 20여 년간 수소차에 전념한 현대차그룹을 필두로 토요타, 혼다 등 3개사가 중심이 되어 치열한 선두 다툼을 벌이고 있다. 지난 2014년 세계 최초로 양산형 수소차 출시에 성공한 현대차는 후발 주자의 강력한 도전 속에 선두 그룹에 포진하고 있다. 수소차는 약 1회 5분 충전으로 700킬로미터 이상을 주행할 정도로 장거리 차량으로 부각될 수 있으며, 장거리용 버스 등 대형 대중교통 수단으로도 활용 가치가 높다.

🎙 물로만 수소차를 움직일 수 있느냐는 질문이 꽤 많았다.

아직은 사용되는 수소가 석유 화합물을 생산하면서 부산물로 나오는 부생 수소를 주로 이용하거나 천연가스에서 개질기라는 장치를 통해 만들어지는 수소를 주로 이용하는 만큼, 100퍼센트 친환경으로 가지는 못했다. 물을 전기분해하는 수전해 방식을 이용해 수소를 경제적으로 대량생산이 가능한 시점이 돼야 수소차 개발의 실질적인 명분도 커진다고 할 수 있다.

수소를 충전하기 위해 수소 충전소를 이용해야만 하는 단점도 있다. 수소 충전소는 설치비용이 높고, 무엇보다도 수소의 생산, 이동 및 저장 등의 문제점을 가지고 있다. 수소차는 전기차에 비해 아직은 전위부대다. 그러나 모빌리티 시장에서 최후의 모델로서 큰 의미가 있다고 할 수 있다.

현대차는 지금까지 자동차 시장에서 추격자 신분인 패스트 팔로워(Fast Follower)였다. 수소차 시장 주도권을 가지고 더불어 원천기술 확보를 통해 시장을 활성화한다면, 퍼스트 무버(First Mover)로서 미래형 이동수단 중에 하나인 수소차 시장을 이끌 수 있다.

전기차와 수소차는 약 60~70퍼센트 이상 같은 시스템으로 제작된다. 부품과 시스템을 서로서로 교체 사용할 수 있으므로, 시너지를 기할 수 있다는 장점이 있다. 앞서 언급한 바와 같이 또 하나의 화두인 자율주행차로의 전환도 용이해 일석삼조의 효과를 누릴 수 있다.

최근 전기차와 수소차가 주도권을 쥐고 싸우는 듯한 모습이 야기되면서 문제가 있는 듯이 보는 시각도 있지만 실제로 전기차와 수소차는 대결 구도가 아닌 서로의 약점을 보완하면서 시너지를 낼 수 있는 좋은 동반성장 관계라 할 수 있다. 지난 120여 년간 내연기관차 시장이 가솔린차와 디젤차로 양분화돼 역할을 나눠 가졌다. 향후 미래형 자동차는 전기차와 수소차가 시장을 양분할 것이라 예상된다.

🎙 그렇다면 몇 년 정도가 흘러야 수소차와 전기차가 대결을 펼칠 수 있을까?

대략 20년 정도다. 현대차가 20년 전에 수소차 사업을 시작할 때 나는 20년 후에도 똑같을 것이라고 얘기 했다. 그만큼 시간이 많이 걸린다는 얘기다. 수소와 산소가 반응하면 에너지와 물이 나온다. 이런 반응기를 스택이라 하고, 이런 소형 발전기가 들어가 있는 것이 수소차다. 현재 수소차에 쓰이고 있는 수소는 부생수소를 쓰고 있다. 부생수소는 석유화합물을 만들어낼 때 나오는 찌꺼기 수소다.

말했듯이 수소차가 석유자원을 쓰는 것은 장기적으로 봤을 때 상당히 낯간지러운 문제다. 엄밀하게 이야기하면 물을 전기분해해서 산소와 수소를 만들어내서 여기서 나오는 수소를 쓰는 것(수전해 방식)이 훨씬 좋다. 현재는 물을 전기분해할 수 있지만 들어가는 전기 에너지가 많기 때문에 실질적으로 배보다 배꼽이 더 큰 상태다. 물을 전기분해해서 경제적으로 대량생산할 수 있는 기술이 나오려고 하면 20년 정도 걸린다고 예상된다.

제3의 애플, 현대차 가능할까?

🎙 "테슬라가 제 2의 애플이 될 것이다." 이런 이야기가 돌고 있다. 일론 머스크를 보면 충분히 그럴 수 있다고 생각한다. 자동차 업황

이 달라지면서 현대차가 제2의 애플은 안 되지만 그래도 제3의 애플이 될 수 있지 않을까, 기대를 거는 투자자도 많다.

현대차그룹은 그동안 진행하였던 순혈주의를 버리고 혼혈주의로 본격적으로 변모하고 있다. 외부의 능력 있는 해외 인재를 영입하고, 직급을 정리할 뿐 아니라, 계급적인 조직의 분위기도 바꾸고 있어서, 모든 내외적인 요소를 섞고 있다고 할 수 있다. 매우 바람직한 움직임이다.

정의선 회장 체제로 바뀌면서 이러한 면모는 힘을 받고 있고 미래의 흐름을 인지하고 먹거리 확보에 큰 진전이라 할 수 있다. 미래의 불확실성을 헤치고 확실한 미래 먹거리를 확보한다는 측면에서 최근 현대차그룹의 횡보는 크게 환영받을 수 있고 확실한 자리매김이 될 것이다.

최근 현대차와 기아차의 신차 수준이 글로벌 수준으로 발전하면서 인기가 좋은 가성비 좋은 신차가 출시되고 있다. 가성비 좋은 신차를 만들고 소비자를 배려하는 움직임은 더욱 가속화돼야 한다. 그리고 그간 소홀히 하였던 중소·중견 기업과의 실질적인 상생 모델이 추가된다면 명실상부한 글로벌 기업으로 성장해 미래를 약속받을 수 있을 것이라고 확신한다.

최근 애플이 현대차그룹에 요청한 미래 자율주행 전기차에 대한 협조 요청도 좋은 징조라 할 수 있다. 애플이 스마트폰의 출시로 인류 역사상 가장 큰 혁신적인 제품을 선보인 것과 같이 이제 미래 모빌리티가 두 번째 혁신적인 제품으로 자리매김하기 시작했다고 할 수 있다. 애플에 대한 독자적인 운영체제(OS)와 위탁 생산 등 브랜드 이미지와는 거리가 먼 주문일 수 있지만 분명히 중요한 미래 모멘텀을 준다는 것에는 의심의 여지가 없다. E-GMP라는 전기차 전용 플랫폼을 기반으로, 이미 목적 기반 자동차(PBV)를 선언한 기아차가 가장 적절한 협상대상이 될 수 있는 만큼 좋은 협상을 통하여 미래를 기약할 수 있는 발판도 마련했다.

바퀴 달린 것에 투자하라

최근 전기차와 수소차가 주도권을 쥐고 싸우는 듯한 모습이 야기되면서 문제가 있는 듯이 보는 시각도 있지만 실제로 전기차와 수소차는 대결 구도가 아닌 서로의 약점을 보완하면서 시너지를 낼 수 있는 좋은 동반성장 관계라 할 수 있다. 지난 120여 년간 내연기관차 시장이 가솔린차와 디젤차로 양분화 돼 역할을 나눠 가졌다. 향후 미래형 자동차는 전기차와 수소차가 시장을 양분할 것이라 예상된다.

누가 모빌리티 시장을 주도하는가

루시드의 성장 가능성

🎙 테슬라, 니콜라, 루시드는 미래차 패러다임을 주도하는 스타트업들이다. 이들의 행보에 전기차 관련 주가가 오르락내리락하고, 이들 회사 경영진의 말 한마디에 시장이 꿈틀댄다. 이들 기업의 공통점은 또 있다. '거품' 논란에 휩싸여 있다는 점이다. 니콜라와 루시드는 숱한 스포트라이트를 받고도 아직 차를 한 대도 팔지 못했다. 테슬라의 누적 적자는 8조 원에 이른다.

루시드의 성장을 기대하는 전문가들은 의외로 많다. 겉으로 보기엔 테슬라 모델S를 뛰어넘고도 남을 만큼 매력적인 차량인 루시드 에어를 공개했기 때문이다. 이 차량은 성능과 디자인, 가격 등 여러 측면에서 테슬라를 위협하고 있다. 충전 속도와 주행거리 등에서도 혁신적인 성능을 자랑한다.

테슬라 모델S 같은 경우에는 약 640킬로미터 정도를 주행할 수 있다. 그런데 루시드 에어는 최대 주행거리가 870킬로미터 정도 된다. 보통 4~5초 정도 걸리는 제로백이 2.5초다. 게다가 충전 속도도 1분당 32킬로미터씩 늘어난다. 그래서 보통 20~30분 충전하면 300~400킬로미터 주행할 수 있다.

▶ 주요 수퍼 전기차 제원 및 가격 현황

제조사	모델명	제로백 (0-60mph 기준)	최고출력	가격
일본 아스파크	아울	1.69초	2,012마력	290만유로 (약 39억6,000만 원)
크로아티아 리막	C_Two	1.85초	1,914마력	179만5,532유로 (약 24억5,000만 원)
미국 테슬라	모델S 플레이드	2초	1,100마력	1억8,999만 원
미국 루시드	루시드 에어 드림에디션	2.5초	1,080마력	16만9,000달러 (약 2억 원)
독일 포르셰	타이칸 터보 S	2.6초	761마력	2억3,360만 원
현대자동차	RM20e	3초 미만	810마력	미공개

출처: 각 사

테슬라의 독점적인 모델S보다도 루시드 에어의 성능이 약 1.5배 정도 뛰어나다는 얘기가 나오고 있다. 그래서 이제 관심이 더욱 높아질 수밖에 없는 상황이다. 그러나 루시드 에어는 일반 대중적인 모델이 아니라, 프리미엄 모델로 고객층이 한정돼 있다.

루시드는 LG에너지솔루션과 리튬·이온 배터리 셀 공급을 위한 전략적 파트너십을 체결했고 그 전에 삼성SDI와도 전략적 파트너십을 체결했다. 아직 전기차 양산 경험이 없기 때문에 초반에 다양한 제품을 테스트하려는 차원에서 두 회사와 동시에 계약했을 것이다. 그러나 전기차 양산 단계에서는 테슬라가 파나소닉 시스템을 채용해 배터리를 독점 공급받는 것처럼 한 곳에서만 공급받을 수밖에 없을 것이다.

문제는 시간이다. 루시드는 신생업체지만 테슬라에 대적할 만한 기술과 경쟁력을 보유하고 있다. 그러나 루시드 에어는 2021년은 돼야 본격적으로 출시를 시작할 예정이다. 고급 프리미엄 차종이란 점에서 많은 고객을 확보하는 것도 어렵다. 양산형 모델의 출시 시점이 언제인지도 예측하기 어렵다. 실제 상품성을 시장에 증명해야 하는 데까지 시간이 필요한 건 스타트업의 숙명이다.

🎙 루시드에서 출시되는 차도 테슬라 못지않은 성능을 가지고 있

기 때문에 전 세계 자동차 업종에 투자하고 싶으신 분들이 투자를 해도 나쁘지 않을 것 같다. 제 2의 테슬라로 이목을 끌던 니콜라가 논란의 도가니에 빠진 건 공매도 전문기관 힌덴부르크리서치가 "니콜라는 사기"란 내용의 보고서를 내놓으면서다. 힌덴부르크리서치의 지적은 다음과 같다. "니콜라의 수소연료전지 기술은 허구다" "자체 인버터를 갖고 있다고 선전했지만 기성품의 라벨을 숨긴 채 촬영한 것이다."

최근에 들어서는 컨셉트카와 양산차의 개념이 좁아졌다. 디자인도 크게 변하지 않는다. 예전에는 컨셉트카로 10년, 20년 후를 먼저 보여줬다면 요즘에는 5년 후의 모습을 보여준다. 그러다보니까 양산형으로 나올 때 그 기술이 거의 다 들어가고, 디자인도 거의 다 채용을 한다. 그래서 컨셉트카를 보고 그다음에 나오는 양산형 모델이 어떤 방향으로 어떤 기술이 어떻게 구현될 것인지에 대한 그림을 예측할 수가 있다. 그런데 니콜라 같은 경우에는 이 컨셉트카를 움직이는 것처럼 포장했다.

🎙 그렇다면 니콜라는 10년~20년 후의 미래를 보여준 게 아닐까?

그냥 디자인을 보여주기 위해서 아예 움직이지 못하는 컨셉트카가 있고, 실제로 운행이 가능한 컨셉트카가 있다. 그런데 니콜라

보고서 내용을 보면 아예 못 움직이는 차를 움직이게 했다는 소리가 있다. 또 차량 시스템을 우리가 말하는 수소연료전지 스택을 쓴 것이 아니라 다른 시스템을 사용했다거나 심지어 천연가스를 연료로 사용했다는 이야기가 나올 정도다. 니콜라는 아직 완성형 차를 출시한 적이 없다. 신차 출시가 없으니 기술이 있느냐에 의문을 품을 수밖에 없다. 특히 수소 기술의 난이도가 전기차와 비교할 수 없을 정도로 높기 때문에 차라리 루시드가 니콜라보다 낫다고 볼 수 있다. 왜냐하면 수소차보다 전기차를 구현하는 것이 훨씬 쉽기 때문이다.

앞에서 말했듯이 현재 수소연료전지 기술을 이용해 차를 만드는 곳은 딱 3군데다. 현대차, 토요타, 그리고 혼다. 양산형으로 나오기 어려운 이유가 기술적으로 적용도 어렵고 또 실제적으로 경제적인 논리를 가지고 접근할 수밖에 없기 때문이다. 미국과 유럽에서 수소차가 나오지 않는 것은 못 만들어서가 아니라, 안 만들고 있기 때문이다. 아직 비즈니스 모델이 아니고 기술이 그만큼 적용하기 어렵다는 뜻도 있다. 그렇기에 나는 오래 전부터 니콜라 모터스의 기술에 상당한 의문이 들었다.

🎙️ 트레이더 입장에서 차트를 보면, 니콜라 차트가 예전 초창기 테슬라의 차트와 비슷하게 보인다. 테슬라 또한 초창기 때는 니콜라

까지는 아니지만 상당한 거품 논란에 휩싸였다. 리서치 센터 중에 공매도 리서치 센터가 있다. 주가를 하락시켜야 하는 이유가 있는 사람들이다. 그러니까 니콜라 공매도를 먼저 쳐놓고 그런 리포터를 낼 수가 있었던 것이다. 때문에 좀 더 좋지 않은 이야기를 부각시켰을 수도 있다. 진위여부는 사실 나중에 시간이 지나면 어느 정도 해결이 될 수도 있을 것 같다.

테슬라와 니콜라는 시작점이 다르다고 봐야 한다. 처음에 모델S가 출시되기 전에 나온 컨셉트카는 서 있는 게 아니라 실제 도로를 직접 달렸다. 이런 기술력이 검증이 되고 또 다양한 모델 로드스터도 나오면서 업그레이드가 됐다. 이제 소형 SUV인 보급형 모델Y가 추가되기까지 했다. 소비자들이 테슬라에 열광하는 이유가 여기에 있다. '옛날에 거품만 가지고 떠들던 친구였는데 어 구현이 되네?' 하며 생각을 바꾸기 시작했다.

하지만 니콜라는 테슬라가 겪었던 중간과정이 없었고 기술력 또한 검증되지 않았다. 나는 제2의 테슬라를 굳이 고르라고 하면, 루시트를 택하겠다. 수소차는 기술 난이도가 높고 , 전기차는 테슬라에 의해 검증이 어느 정도 됐기 때문이다.

전기차 시장은 이제 시작했다

🎙 테슬라 전기차 판매량 누적이 1백만 대다. 1백만 대 라는 게 전 세계 차량 10억 대 중에 0.1퍼센트밖에 되지 않는다. 이렇게 전기차 시장이 이제 시작하는데도 테슬라 시총이 2020년 7월경에 토요타 시총을 넘어섰다. 산업의 발전을 시계로 비유해서 12시에 시작한 산업이 한 바퀴 정도 돌면 그 시장이 어느 정도 끝에 왔다고 이야기 한다. 그때부터 해당 산업의 주식은 성장주가 아니라 가치주가 된다. 그렇다면 현재 모빌리티 시장이 12시 몇 분 정도 지났다고 보는가?

아직 시작점이라고 보고 있다.

🎙 12시 한 3분?

아직은 시작 단계라고 생각한다. 이제야 현대차에서 전기차 전용 플랫폼을 통해서 완성도 좋은 전기차가 나오기 시작한다. 그렇기 때문에 내가 이제 테슬라의 독주도 주춤할 것이라는 얘기를 자주하는 것이다. 아직까지는 전기차가 전 세계적으로 판매되는 대수가 일 년에 3백만여 대 뿐이다. 자동차가 전 세계에서 일 년에 9천만 대가 판매되는데 그중에 3백만 대면 눈에 보이지도 않는다. 그렇다면 왜 테슬라가 토요타의 시총을 넘을 정도가 됐을까. 엄밀히 말하자면, 거품도 있을 것이라고 생각한다.

🎙 거품이 있다는 말을 굳이 다른 말로 표현하자면 미래가치가 적용돼 있는 것인가?

사람들이 테슬라의 미래가치를 인정해주고 있는 것이다. 어느 정도 거품이 있다고 생각하지만 의미는 분명히 있다고 생각한다. 스마트폰은 1년, 2년 지나면 기술이 발전해서 바꿀 수밖에 없게 만든다. 테슬라는 소비자들에게 '움직이는 스마트폰'이라는 이미지를 각인시키며 첨단제품이라는 이미지를 소비자에게 전달했다. 분명히 기술력이 있는 기업이다. 그런 기대감은 아무리 강조해도 지나치지 않는다. 테슬라가 있기 때문에 다른 기업이 각성해서 변화를 따라가려고 노력하고 있다.

지금까지 전기차는 세컨드카라고 여겼다. 아직 전기차 사기가 왠지 개운치 않은 사람도 많았다. 그런데 2021년이 되면 분위기가 바뀌게 된다. 전기차 사는 분들도 불편함이 없다고 표현을 하고, 아마 투자하는 사람들도 "전기차, 이제는 다르다. 비즈니스 모델이 본격화되네?" 이런 생각을 하게 될 것이다.

예전에는 '전기차' 하면 미래가 좀 뿌옜다. 그런데 이제는 그 그림이 보이는 것이다. 나 또한 드디어 올 여름에는 전기차 구입을 해야 하나, 하는 생각을 가지게 됐다. 그 변화의 중심에 테슬라가 있는 것은 분명한 사실이다.

🎙 테슬라가 가진 기술력은 누구나 인정하고 있다. 그런데 그 뒤를 루시드가 바짝 쫓아가고 있다. 니콜라도 다른 측면에서 쫓아가고 있다. 물론 현대차도 쫓고 있다. 과연 테슬라는 넘지 못할 수준의 기술을 가지고 있는 것일까?

초기에는 다른 기업에 비해 5~6년 앞서가고 있었다. 4~5년 전만하더라도 다른 글로벌 제작사들의 전기차와 차이가 있다고 느꼈다. 현대차만 봐도 그랬다. 내연기관 생산라인에서 엔진과 변속기 빼내고 배터리 모터 집어넣는 수준으로 전기차를 만들었다. 그래서 전기차에는 필요 없는 부분까지 많이 포함됐다. 만들면 만들수록 적자가 나는 구조였다. 이런 형태가 지금까지 테슬라를 제외한 기업들이 만들던 전기차 모습이었다.

테슬라가 선보인 전기차 전용 플랫폼은 차원이 다른 만족도를 보였다. 전용 플랫폼에서 생산되는 전기차는 배터리 내연기관차보다 부품 수가 적은 데다 형태가 단순해 차체 크기와 무게 등을 획기적으로 줄일 수 있었다. 이제야 현대차는 전기차 전용 플랫폼을 적용한 신차를 내놓는다. 기아차도 플랫폼을 공유하는 신차를 같은 해 내놓을 방침이다.

전기차 전용 플랫폼을 갖춘 수입 브랜드의 공략도 가세한다. 폭스바겐은 최근 유럽에서 전기차 전용 플랫폼 'MEB'가 처음 적용된 순수 전기차 'ID.3' 판매를 시작했다. 테슬라의 위상을 넘볼 만한 차종이 즐비하다는 점에서 2021년엔 치열한 시장 경쟁이 벌어질 공산이 크다. 물론 테슬라가 앞서는 가겠지만 그 차이가 1~2년 이내로 확연히 줄어든다고 예상한다. 소비자가 보는 시각도 달라진다. "이런 점은 현대차가 낫네." "이런 점은 폭스바겐이 낫네." 이런 이야기들이 나올 것이다.

🎙 중국은 어떤가? 중국은 사실 어떤 사업을 하더라도 내수에서 다 소화를 해버리면 전 세계 5위 안에 들어가게 된다. 그러면 중국에도 전기차 업체들이 계속해서 신생 업체가 생길 텐데 중국의 경쟁력은 어떻게 보고 있는가?

중국은 내연기관차 엔진변속기 원천기술을 독자적으로 개발하고 확보하는 데 실패했다. 그러다보니까 비슷비슷한 기술로 출발한 전기차로 승부를 한 번 걸어보자 해서 전기차에 올인하기 시작했다. 그게 벌써 10년이 지났다. 그래서 전기 버스가 중국 내에서는 50퍼센트 이상 석권할 정도로 기술도 있고 노하우도 많다. 그런데 승용차, 세단 쪽은 다르다. 아직 리튬·폴리머 배터리 기술은 쫓아오지 못하고 있고 차량 안의 융합 기술도 약간 떨어진다. 기술력에 있어서 우리 기업들과 격차가 있는 게 사실이다. 물론 말한대로 중국시장이 워낙 크다. 전 세계 전기차의 4대 중에서 한두 대는 중국에 있을 정도다.

중국은 국가적으로 전기차 산업을 키우고 있고 시장 또한 커서 발전 속도가 빨라지고 있다. 테슬라와 우리 기업의 기술 간격이 좁아지고는 있지만 중국이 쫓아오는 속도 또한 빨라지고 있다. 그러나 1~2년 만에 바뀔 수 있는 구조가 아니다. 일본도 하이브리드 자동차에 올인 하다보니까 전기차로 바꾸는 데 시간이 워낙 오래 걸렸다. 일본이 전기차 시장에서 약간 주춤하는 모습을 보이는 이유가 여기에 있다.

현대차가 최근에 출시한 제네시스 등의 모델을 보자. 수준과 품질이 굉장히 높아졌다. 현대차 칭찬하는 게 아니다. 냉정하게 판단해도 현대차의 수준이 좋아졌다는 말이다. 소비자 배려에 대한 인식은 현대차그룹이 많이 바뀌어야 되는 것은 사실이다. 그런데 자동차를 잘 만드는 방법을 알기 시작했다. 이런 이유로 현대가 테슬라와 대등하게 겨룰 수 있을 것이라고 생각한다.

"

지금까지 전기차는 세컨드카라고 여겼다.
아직 전기차 사기가 왠지 개운치 않은 사람도
많았다. 그런데 2021년이 되면 분위기가
바뀌게 된다. 전기차 사는 분들도 불편함이
없다고 표현을 하고, 아마 투자하는 사람들도
"전기차, 이제는 다르다. 비즈니스 모델이
본격화되네?" 이런 생각을 하게 될 것이다.

"

앞으로 5년,
배터리 기업의 주가

글로벌 제작사의 배터리 내재화

🎙 배터리 내재화, 자체 생산에 대해서 얘기를 나눠보겠다. 테슬라가 전기차 배터리 스타트업을 하나 인수했다.

미국 기업 테슬라가 독일에 지사를 하나 구축했다는 정도로 보면 될 것 같다. 독일 ATW라는 이 기업 자체가 그렇게 큰 기업이 아니라 스타트업 규모다. 직원은 120~130명 정도 되고, 20개 라인에서 소량으로 배터리 모듈과 팩을 생산하고 있다. 글로벌 제작사에 일부 공급을 하고 있지만 우리가 생각하는 LG에너지솔루션이나 CATL 같은 글로벌 배터리 제작사 규모와는 차이가 크다.

테슬라는 큰 기업들을 인수할 수가 없다. 매물이 나와 있지도 않다. 그러다보니까 주로 스타트업, 기술 노하우를 갖고 있는 기업을 사냥하고 있다. 일론 머스크가 배터리데이 때 발표한 대로 배터리 자체 생산과 내재화를 실현하고 있다. 그 모습에 전 세계적으로 회오리를 몰아올 수 있는 요소가 숨어 있다. 왜냐하면 지금 전기차가 판매량이 기하급수적으로 증가하기 시작했고 배터리 공급량 또한 부족해지고 있다. 아마 2~3년 이내에는 부족 현상이 더욱 심화될 것이다.

그러다보니까 2차 배터리를 생산하는 글로벌 배터리 제작사와 글로벌 자동차 제작사가 MOU를 통해서 물량 확보를 하고 있는 상황이다. 전기차를 본격 생산하고 세계의 주도권을 쥐기 위해서는 배터리를 갖느냐 안 갖느냐가 아마 가장 중요한 핵심 포인트가 될 것으로 보고 있다.

🎙 그런데 배터리데이 때 이런 스타트업을 인수한다며 포장을 그럴싸하게 했으면 그래도 이슈가 좀 됐을 텐데. 분명히 진행 중이었

을 텐데 얘기를 하지 않았다.

수년 이내에 지금 전기차 가격을 반으로 낮추겠다는 말은, 전기차 가격의 40~50퍼센트를 차지하는 배터리 가격을 낮춰서 대량 생산한다는 얘기다. 그리고 한 번 충전해 달릴 수 있는 거리를 늘리고 충전 시간을 줄이겠다는 것이다. 결국 배터리 자체를 기술도 업그레이드시켜야 하지만 당장 자체 생산 하지 않으면 전기차 가격을 반으로 낮추겠다는 얘기는 불가능한 일이 된다.

그런 측면에서 보면 배터리 내재화 프로젝트는 이미 자리매김하고 있다. 그런데 이번에 테슬라가 인수한 스타트업 기업은 크게 부각시킬 수 있는 회사는 아니라고 봤다. 배터리 기술을 업그레이드하는 일은 간단치 않다. 현재로서는 리튬·이온·폴리머 배터리가 가장 뛰어나다. 전고체 배터리라든지 니켈, 망간, 코발트에 집어넣는 기술은 쉽게 얻을 수 있는 게 아니다.

기술 노하우를 쌓거나 자본과 인적 자원, 전문 인력 투입 같은 일을 스타트업이 실행하는 건 상당히 어렵다. 그래서 스타트업을 테슬라에서 인수한다 하더라도 이게 과연 그만큼의 시너지 효과가 나올 것이냐에 대해서는 전문가들 사이에서는 의문이 돌고, 의견 또한 엇갈리고 있다.

그러나 테슬라가 지금까지 출시한 전기차 모델3, 모델Y 등이 완성도 있게 나오는 걸 보면 전기차 가격을 발표한 대로 낮추는 게 가능해 보인다. 그리고 전기차 가격이 많이 떨어진 것도 사실이다. 킬로와트 당 300달러 했는데 지금은 130~140달러 정도 되니까 굉장히 많이 떨어진 것이다. 이걸 일론 머스크는 두 자리, 즉 80~90달러 이내로 떨어트리겠다는 얘기다. 만약 그 정도가 된다면 지금 전기차 가격에서 30퍼센트 이상은 충분히 떨어질 수가 있다.

🎙️ 일론 머스크가 실현 가능한 계획을 발표했다?

그렇다. 일론 머스크는 수년 이내에 전기차 가격을 50퍼센트가량 떨어뜨리겠다고 말했는데, 이것은 아주 허무맹랑한 얘기는 아니라고 본다. 전기차 가격을 50퍼센트가 떨어지면 정부 보조금을 받지 않고 내연기관차와 그냥 발가벗겨 놓고 싸워도 이길 수 있다는 소리다. 그 시점을 2025년으로 보고 있는 이유가 그 사이에 전기차 기술이 파란을 일으킬 수 있기 때문이다.

결국 배터리를 어떻게 자체 생산해서 저렴하게 만들어주느냐, 이 부분이 관건이다. 글로벌 제작사들은 중단기적으로는 배터리 제작사들하고 MOU를 통해서 배터리 공급을 받지만, 중장기적(향후 5년~10년)으로 봤을 때는 자체 계열사나 자회사 형태로 갖는 게 가장 바람직하다고 판단하고 있다. 아마 테슬라가 스타트업 기업을 하나씩 모아서 시너지를 내면, 배터리 생산량이 기하급수적으로 증가할 수 있다. 그러면 시장 판도가 많이 바뀔 것이다.

전고체 배터리, 누가 먼저 양산화할까

🎤 스타트업 인수에 일론 머스크의 빅 픽처가 있지 않을까?

분명히 있다. 일론 머스크가 예전과 같이 핑크빛으로 얘기하지 않고 실용적인 부문들, 다시 말하면 가능한 부문을 발표했다고 본다. 테슬라의 미래를 검증할 때 가장 중요한 지점이 배터리데이 발표였다고 생각한다. 즉 배터리의 내재화가 가장 중요한 포인트였다. 전기차의 경쟁력을 좌우하는 게 결국 배터리다. 배터리를 얼마만큼 첨단화함으로써 현재의 단점을 얼마나 해소시켜주느냐가 전기차 발전의 키포인트다.

지금 쓰고 있는 리튬·이온·플리머 배터리에는 한계가 있다. 열 문제로 인해 화재가 발생하기도 하고, 배터리에 들어가는 코발트도 너무 비싸다. 한 번 충전하면 달릴 수 있는 거리 또한 늘려야 한다. 이런 문제를 해결할 수 있는 배터리가 전고체 배터리다. 누가 먼저 양산하여 전기차에 넣는지가 가장 중요한 포인트다.

🎙 전고체 배터리가 최고점에 있는 기술력인가?

꼭 그렇지는 않다. 배터리 발전에 있어서 중간과정이라고 판단하면 된다. 지금 나오는 배터리는 크게 둘로 나뉘어 있다. CATL에서 주로 많이 나왔던 인산·철 배터리가 있고, 그다음에 LG에너지솔루션 등이 주도권을 쥐고 있는 리튬·이온·폴리머 배터리가 있다. 배터리에서 가장 핵심이 되는 게 양극재다. 전기차 가격의 40퍼센트를 배터리가 차지한다고 했는데, 배터리 가격의 40~50퍼센트를 차지하는 게 역시 양극재다.

그래서 양극재에 대한 얘기가 많은 것이다. 주로 니켈, 코발트, 망간을 이야기하는데, 니켈과 코발트는 고부가가치기 때문에 비싸다. 전기차 배터리 가격의 50퍼센트를 양극재가 차지하기 때문에 가격이 저렴한 재료를 대량으로 그리고 안정적으로 공급할 수 있어야 한다. 당연히 기존의 리튬·이온·폴리머 배터리 성능을 떨어트리면 안 되고 성능은 유지해야 한다.

그래서 망간을 빼서 알루미늄을 넣는다든지 또는 NCM 배터리에 알루미늄을 섞는다든지 하며 양극재 개선을 하고 있다. 배터리를 오래 쓰다 보면 양극재에 문제가 생기는 경우가 많이 있다. 양극재가 스트레스를 받으면서 피로감이 쌓여 무너지는 것이다. 그래서 배터리 수명에 극히 영향을 많이 주고 있다. 지금 배터리의 가장 큰 문제점이다.

스마트폰 배터리도 리튬·이온 배터리인데 2~3년 정도 되면 수명이 줄어들지 않는가. 충전 방전 횟수가 2,000~3,000회 식으로 한정되어 있기 때문이다. 이것을 극복할 수 있는 기술도 양산까지는 아니어도 이미 개발되고 있다. 국내에서도 개발됐다. 5~6년 이상 쓰더라도, 그 상태 그대로를 유지해주는 기술이다. 배터리 수명을 획기적으로 늘리는 기술도 국내에서 개발되어 있다. 아마 이런 배터리들이 대량으로 생산된다면 배터리의 고질적인 문제가 획기적으로 개선되지 않을까.

🎙 국내 기업뿐만 아니라 해외 기업 중에 전고체 배터리 개발이 제일 잘 진행되었다는 회사를 알고 있나?

전고체 배터리의 대표적인 회사라고 얘기할 수 있는 기업들이 스타트업 중심으로 몇 개가 있다. 그런데 내가 볼 때는 전고체 배터리가 양산형으로 나오기 위해서는 글로벌 제작사들이 적합하다고 보고 있다. 글로벌 배터리 제작사들, CATL이나 LG에너지솔루션,

삼성SDI, SK이노베이션 국내 3사는 말을 할 필요도 없고, 일본의 토요타, 파나소닉이 사실 가장 앞서 있다고 말할 수 있다. 왜냐하면 배터리 기술 노하우는 옛날같이 뚝딱해서 하늘에서 떨어지는 게 아니기 때문이다.

전고체 배터리 기술에 투자를 하고 물량이나 여러 가지 공세를 펼치더라도 실제로 업그레이드해서 양산형으로 나오는 게 어렵다. 그래서 전고체 배터리를 양산한다면 기존 글로벌 배터리 제작사들에 훨씬 더 이점이 있다. 스타트업들은 그 전고체 배터리를 이루고 있는 하나의 단품을 업그레이드하거나 신기술을 가미할 수는 있다. 하지만 전체적인 배터리 셀이라는 개념으로 봤을 때는, 역시 글로벌 배터리 제작사가 주도권을 쥐고 움직인다.

🎙 전 세계 배터리 시장 판도는 앞으로 어떻게 흘러갈 것인가? '한·중·일 VS 테슬라'라고 하는데 이게 맞는 말일까?

틀린 얘기는 아니다. 지금 전 세계 2차전지, 특히 이제 전기차용 배터리에 관한 한 선두주자는 한·중·일이다. 배터리 글로벌 제작사라고 말을 할 수 있는 것은 국내 배터리 3사와 CATL, 파나소닉 그다음에 중국의 BYD도 포함된다. 지금 상위권에 있는 기업이 모두 다 한·중·일이다. 그런데 테슬라가 차도 만들면서 배터리를 내재화해 자체 생산하게 되면 얘기가 좀 달라진다. 한·중·일이 긴장할 수밖에 없다.

🎤 그런데 지금 당장은 아니지 않을까? 테슬라의 배터리 사업 부문이 크게 확장하고 있는 것도 아니고.

배터리가 뚝딱하고 만들어지는 것이 아니기 때문에 최소한 3년에서 5년을 봐야 된다. 그래야 이제 큰 변화가 일어난 걸 느낄 수가 있다. 킬로와트 당 300달러에서 떨어지기 시작한 것도 기술 노하우가 많이 쌓였기 때문에다. 10년 전만 해도 킬로와트 당 100달러라는 건 꿈이라고 생각했다. 그런데 그게 이제 구현이 되고 있다.

🎤 테슬라가 인수하기 시작한 배터리 스타트업들이 규모가 커지고, 더 좋은 회사들을 인수해서 배터리를 내재화하게 된다면, 국내 배터리 3사가 영향을 받을 수도 있을 것 같다. 이를테면 5년 내외로 배터리 수주를 덜 받을 테니까 LG에너지솔루션이나 삼성SDI나 SK이노베이션 그 시점에서 영업이익이 떨어져 주가에 영향을 받지 않을까?

테슬라는 다양한 스타트업 기업을 사냥할 것이다. 양극재, 음극재, 전해질, 분리막 이런 기술을 갖고 있는 강점 있는 스타트업을 모아서 섞을 것이다. 그 기술을 융합해서 만든 배터리 모델이 지금 LG에너지솔루션이나 CATL에서 나오는 배터리보다 훨씬 더 업그레이드된 모델이냐가 핵심이다. 그런데 쉽지 않을 것이라는 전문가들의 얘기가 많다. 나 또한 쉽지 않다고 보고 있다.

🎙 배터리 업체들의 경우 투자자 먹거리로 좀 괜찮았는데 3년 정도 지나 테슬라가 자체 생산 문제가 어느 정도 해결이 되면 우려가 생기지 않을까?

분명 고민이 되는 지점이긴 하지만 배터리 기업들이 그냥 가만있는 게 아니다. 노하우가 쌓이면 쌓일수록 시너지를 내기 때문이다. 쫓아오면 한 걸음 더 앞서 먼저 나간다는 것이다.

중요한 것은 매년 기하급수적으로 전기차 보급이 늘어나게 된다는 사실이다. 당연히 배터리 공급량도 부족하게 된다는 뜻이다. 때문에 앞으로 몇 년 동안, 글로벌 배터리 제작사의 주가나 가치가 많이 올라가게 될 것이다.

테슬라가 워낙 혁신의 아이콘이기 때문에 그 흐름을 눈여겨보면 좋을 것 같다. 그러나 여기저기 스타트업들을 사 모아 시너지를 내서 기존 글로벌 배터리 제작사 수준만큼 올리겠다는 포부는 분명히 시간이 좀 걸린다.

🎙 그런데 어떤 다른 회사가 갖고 있는 기술력을 갖고 싶으면 사람을 스카우트하면 되지 않나?

그렇다. 그 문제가 일어났던 게 SK이노베이션과 LG에너지솔루션이다. 미국 법원에서 소송을 한 상태라 국내에서도 지금 아직도 정리가 안 돼 있다. 고민거리는 지금 많다. 만약 이게 최종 결정이 나오게 되면 미국에서 SK이노베이션이 생산을 못 할 수도 있다. 물론 그렇게까지는 안 갈 것이라고 판단되지만…….

🎙 합의점을 도출했다는 얘기도 있다.

그렇다. 내가 봤을 때도 합의점을 도출해야 된다고 생각한다. 이 문제가 처음 나올 때부터 심각한 문제로 봤던 이유는 국내 배터리 3사가 함께 모여서 시너지를 내서 글로벌 시장을 잡아먹을 생각을 해야 되는데, 그러지 못하고 있다는 사실에 있다. 배터리 쪽은 노하우를 갖고 있는 전문가가 한정돼 있다. 그러다보니까 중국에서 국내 쪽으로 인적자원을 빼가려고 하고 있다. 중국 배터리 회사가 원래 200개 정도 됐다. 그런데 정리가 돼 반은 사라졌다. 절반이 없어졌는데도 배터리 전문가들이 국내 배터리 3사를 중심으로 포진하고 있으니까 러브콜이 워낙 많았다. 또 실제로 간 사람들도 많다.

국내 기업끼리도 이런 문제가 있다. 기업 윤리를 가지고 자제해야 한다. 인적자원을 빼 가는 문제가 논란이 되는 건 제 살 뜯어먹고 있는 것이기 때문이다. 어떻게 됐든지 간에 문제가 해결이 안 되면 총수끼리라도 만나서 해결해야 한다. 내가 생각하기에는 SK 이노베이션과 LG에너지솔루션 간의 문제는 결국 그렇게 해결될 것이라 본다. 아마 최악까지 가지는 않을 것이다.

3년, 5년 주가의 흐름을 지켜봐라

배터리 내재화는 하나의 흐름이 될 것이다. 앞으로 3년에서 5년 정도까지는 배터리 기업이 안정화될 수 있지만 그 이상 갈 때는 얘기가 굉장히 복잡하다. 각 기업에서 배터리에 대한 노하우가 많이 쌓이면 글로벌 배터리 기업의 독점 기술을 스타트업 배터리 기업에서도 가질 수 있을 것으로 보고 있다. 그 시점이 3년에서 5년 사이다. 그런 시기를 유심히 살펴보면서 전체적으로 파악해야 투자하는 데 도움이 될 것이다.

🎙 아마 앞으로 3년, 5년 흐름에서 전기차 배터리 업체들의 주가가 월봉 혹은 연봉에서 아마 꺾이는 흐름이 먼저 나올 것이고, 테슬라 주가는 어느 정도 눌렸다가 더 올라가는 모습으로 가게 될 것 같다. 주가 지수를 보면서 충분히 예측할 수 있다.

"

일론 머스크는 수년 이내에 전기차 가격을
50퍼센트가량 떨어뜨리겠다고 말했는데,
이것은 아주 허무맹랑한 얘기는 아니라고
본다. 전기차 가격을 50퍼센트가 떨어지면
정부 보조금을 받지 않고 내연기관차와
그냥 발가벗겨 놓고 싸워도 이길 수 있다는
소리다. 그 시점을 2025년으로 보고 있는
이유가 그 사이에 전기차 기술이 파란을
일으킬 수 있기 때문이다.

"

차량용 반도체 전쟁,
삼성전자는 승자가 될 것인가

비메모리 반도체는 무엇일까

🎙 일반 투자자 중에 차량용 반도체가 무엇인지 모르는 사람이 꽤 있다. 그리고 삼성전자나 SK하이닉스가 반도체 회사인데 거기서 만드는 반도체가 차량용 반도체인지 궁금해하는 사람도 있다.

반도체는 메모리 반도체와 비메모리 반도체 이렇게 크게 둘로 나뉘어 있다. 스마트폰이나 각종 전자제품에 들어가는 반도체 중에는 메모리 반도체가 많다. 이 분야에서는 삼성전자나 SK하이닉스가 세계 최고 수준이다. 두 기업을 합치면 점유율이 60퍼센트 정도 된다.

▶ '메모리 반도체'와 '비메모리 반도체'의 차이점

메모리 반도체 (Memory Semiconductor)		비메모리 반도체 (System Semiconductor)
정보 저장	목적	정보 처리
D램, S램, V램, 롬 등	제품	CPU, ASIC, MDL, 멀티미디어 반도체, 파워반도체, 개별소자 등
소품종 대량 생산	생산방식	다품종 소량 생산
미세공정 등 HW 양산능력	기술성	설계 및 SW 기술력
선행기술 개발, 자본력, 설비투자	경쟁력	우수 설계인력, 설계기술

출처: ASML KOREA

즉, 우리나라가 세계를 석권하고 있는 게 메모리 반도체다. 그러나 메모리 반도체는 양산형으로 대량생산하기 때문에 부가가치가 그렇게 높지 않다. 비메모리 반도체가 부가가치가 높다. 이재용 삼성전자 부회장은 2030년에 비메모리 반도체 부문에서도 세계 1위가 되겠다고 선언했다.

이게 상당히 중요한 의미를 갖고 있다. 왜냐하면 반도체 세계 시장을 봤을 때, 메모리 반도체는 전체 시장의 35퍼센트 정도밖에 되지 않는다. 비메모리 반도체 시장이 60퍼센트가 넘는다.

🎙 그럼 비메모리 반도체 1위 기업은?

인텔, 엔비디아, AMD 이런 기업을 들 수 있다. 이 기업들이 비메모리 반도체 수익을 나눠 먹고 있다. 메모리 반도체 몇십 개 파는 것보다도 비메모리 반도체 하나 파는 게 수익이 클 정도다. 비메모리 반도체를 가리키는 다른 표현으로 주문형 반도체가 있다. 차량용 반도체하고 거의 일맥상통한다고 볼 수 있다. 그러니까 미래차, 전기차, 수소차에는 여기에 맞는 시스템을 얹어야 되고, 각종 전자장치 반도체를 얹어야 된다.

자율주행차 같은 경우에도 카메라나 각종 센서를 통해서 정보를 입수하고 판독을 해줘야 되는데 여기에 들어가는 게 바로 차량용 반도체, 즉 비메모리 반도체다. 하나의 값이 굉장히 높다. 내구성이나 기술 노하우도 굉장히 집약되어 있어야 한다. 삼성전자가 앞으로 추구하는 비메모리 반도체 분야에서 2030년 세계 1위가 되겠다는 선언은 상당히 중요한 의미를 갖고 있다.

🎙 그러면 삼성전자는 현재 시장에서의 위치가 어느 정도 인가?

아직 비메모리 반도체는 명함을 못 내밀고 있다. 그 정도로 약하다는 것이다. 그러나 삼성전자는 글로벌 기업 중에서도 젊은이들이 가고 싶어 하는 10대 기업 중의 하나다. 브랜드 가치도 있다. 기술 노하우도, 메모리 반도체의 집약도, 집적도 노하우도, 세계에서 최고 수준이다. 삼성전자가 비메모리 반도체에 진출하겠다고 선언했다는 거 자체가 굉장히 중요한 의미를 갖고 있다. 그래서 3개의 글로벌 비메모리 반도체 기업이 긴장하기 시작했다. 그러나 삼성 이재용 부회장의 옥중 경영이 걸림돌로 작용할 수 있을 것이다. 공격적인 모습이 주춤해진다는 것이다.

🎙 그럼 비메모리 반도체 시장에 본격적으로 진출하면 삼성전자의 영업이익에 추가 이익이 생기게 되는 건가?

당연히 그럴 수밖에 없다. 말했듯이 반도체 시장에서 35~40퍼센트 미만이 메모리 반도체, 60퍼센트가 비메모리 반도체다. 60퍼센트 포지션에 이제 진입하겠다고 하니까 기존 기업들은 긴장을 높일 수밖에 없다. 비메모리 반도체가 훨씬 더 시장도 크고 수익률도 극대화할 수 있다. 자율주행차라든지 친환경 자동차에 들어가는 전기전자 시스템 중에서 비메모리 반도체의 역할이 더 커지고 있다. 자율주행차에 탑재할 인공지능을 분석해주는 게 바로 비메모리 반도체다.

▶ 전 세계 파운드리 시장 2020년 3분기 점유율

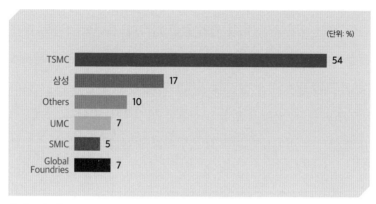

출처: *블룸버그*

🎙 GPU 만드는 기업을 주목하자. 엔비디아가 AMD를 인수하면서 시장에 큰 충격을 줬다. 차량용 반도체 시장의 입지를 굳히는 데서 나아가 더 큰 시장을 다 장악해버리겠다는 의도로 보였다.

일반적으로 비메모리 쪽에 해당되는 키워드 중에 하나가 바로 GPU다.

🎙 많은 분들이 헷갈려 할 수도 있다. CPU와 GPU는 다르다. CPU가 하나라면 GPU는 여러 개가 모여 있는 것이다.

바퀴 달린 것에 투자하라

맞는 말이다. GPU는 그래픽 메모리의 중심이다. 일반적으로 미래 모빌리티를 이야기하면 자율주행차를 떠올린다. 자율주행차는 약 200미터 거리에 있는 사물이라든지 또 거리라든지 형태를 파악을 해서 정확한 정보를 일러줘야 된다. 이걸 파악할 때는 CPU 하나, 즉 중앙처리장치만 필요한 게 아니라 GPU 같은 반도체를 통해서 이미지 센싱을 해줘야 한다. 이런 융합적인 모델이 필요하기 때문에 CPU와 더불어 GPU가 굉장히 중요한 역할을 하게 된다.

엔비디아는 GPU 분야의 세계적 강자다. 모든 시스템 반도체에 들어가는 각종 분석 시스템에 있어서 GPU의 역할이 굉장히 커지고 있다. 미래의 모빌리티 단순한 이동수단이 아니라 움직이는 생활공간, 움직이는 가전제품이 될 것이고 스마트폰과의 연동성을 통해서 '바퀴 달린 스마트폰'이 된다. 여기에서 GPU의 역할이 굉장히 크다.

물려주고 싶은 주식, 엔비디아

🎙 투자를 어느 정도 하신 고수들이랑 가끔 식사를 할 때 물어본다. "자식들에게 물려주고 싶은 미국 주식 무엇인가?" 대답이 의외다. 테슬라도 아니고 애플도 아닌, 엔비디아다.

엔비디아의 가능성을 알고 있기 때문이다. GPU의 중요성은 앞으로 더욱 부각 될 것이다.

🎙 엔비디아의 시총을 따져보면 사실 애플이랑 격차가 크다. 그런데 AMD를 인수하면서 애플과도 경쟁도 할 수 있을 정도로 커지게 됐다.

경쟁 가능성이 굉장히 커졌다. 그러니까 AMD를 엔비디아가 인수해버린 것이다. 그로인해 규모의 경제도 이루어지고 부가가치를 극대화시키는 전략으로 갈 수 있다. 그리고 생각해보자, 차량용 반도체는 부가가치가 워낙 높다. 그렇기 때문에 엔비디아의 역할이 앞으로 더 커질 것이라고 예상 된다.

🎙 그러면 인텔이 가만히 있을 수 없다. 모비디우스, 알테라, 너바나 등을 인수하는 식의 행동을 시작할 수도 있다.

인텔하면 떠오르는 것은 CPU다. 인텔은 중앙처리장치의 절대 강자다. 보통 미래 융합 모델로 갈 때는 CPU와 GPU, 이 두 가지가 융합이 돼야 한다. 그래야 물체 사물 인식 시스템을 완전히 구현할 수 있다. 지금까지 영역이 나뉘어져 있었는데 지금은 융합하는 방식으로 들어가고 있다. 그러니까 CPU 중심의 인텔이 GPU로. 엔비

바퀴 달린 것에 투자하라

디아는 GPU에 머무르지 않고 CPU로 경계를 넘어가고 있다. 앞으로 이런 모습이 더 치열해질 것으로 예상된다. 경계가 없어지고 영역이 무너진다는 뜻이다.

🎙 차트를 보면 불과 한 두 달 전(2020년 12월 28일 기준)에 인텔이 크게 부러지면서 차트 추이가 별로 안 좋다. 엔비디아가 너무 선전 하다보니까.

제로섬 게임이다, 이런 얘기도 하지만, 제로섬까지는 아닐 것 같다. 왜냐하면 미래 모빌리티가 새로운 시장 창출이 되면서 경제 규모가 기하급수로 커지고 있다. 그래서 여기에서 주도권을 누가 쥘 것인가에 대한 글이 많이 나오고 있다.

자율주행차량에 들어가는 핵심 센서 중에서 세 가지 센서가 있다. 카메라는 별도로 보면 될 것 같고 레이더 센서, 초음파 센서, 그다음에 라이다 센서다. 이 라이다 센서의 핵심이 모빌아이다. 국내에서도 국산화가 되지 않아 모빌아이 제품을 많이 쓰고 있다. 이런 핵심적인 원천기술을 갖고 있는 데를 인텔이 인수하면서 시너지를 내고 있다는 것이다. 그리고 단순하게 반도체만 만드는 게 아니라 반도체를 구성해서 시스템까지 구현해주는 그림으로 가고 있기 때문에 관련 원천기술을 갖고 있는 글로벌 스타트업들을 다 인수하기 시작했다. 그러니까 엔비디아도 인수를 시작한 것이다.

🎙 사실 미국 주식에 관심이 많으신 분들이 봤을 때, 10년 전 생각하면 엔비디아는 그래픽카드라든지 그런 별 볼일 없는 거 만드는 회사 아니냐고 생각했다. 인텔 하면 다 아는 기업이었고. 그런데 분위기가 많이 바뀌었다.

자동차 역사가 130년이다. 굴뚝 산업이라고 표현할 수 있겠다. 미래 모빌리티라는 자율주행차 쪽으로 진입하기 시작한 새로운 글로벌 기업들은 굴뚝 산업과 충돌하고 있다. 인텔은 전통적인 컴퓨터의 굴뚝 산업이었다. 엔비디아는 10년 전에는 스타트업 개념으로 시작했다. 그런데 지금 상황을 보라. 구세력과 신세력이 치열하게 충돌하고 있다.

🎙 엔비디아에서 최근에 나온 그래픽카드를 하나 봤는데, 130만 원 정도 했다.

비싸다. 그러니까 고부가가치라는 것이다. 그 GPU에는 단순 처리 기능만 있는 게 아니라 모든 기능이 다 들어가 있다. GPU 하나만 스마트폰에 집어넣으면 연산부터 판단능력부터 해결할 수 있다. 모든 기능을 집약한 것이다. 즉 주문형 반도체, 비메모리 반도체가 그만큼 중요하다는 뜻이다. 예전에 CPU 가격을 생각해보면 20만 원, 30만 원 정도 됐다. 그런데 GPU는 좋은 게 백만 원이 넘었다. 부가가치가 비교가 안 된다. 상황이 이러니 삼성전자에서 가만히 있을 수가 없는 것이다.

▶ 비메모리 반도체 산업 구조

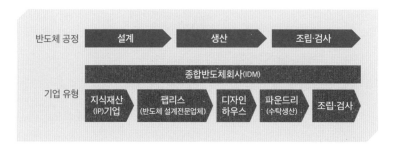

자율주행 반도체, 삼성전자가 최종 승자?

🎙 자율주행 반도체 분야의 경제 향방은 어떻게 흘러갈까. 삼성전자가 최종 승자가 될 가능성은 있을까?

예측이 쉽지 않다. 왜냐하면 너무 먼 미래고 추정하기도 쉽지 않다. 그러나 삼성전자의 지난 과거를 보면 미래를 알 수 있다. 삼성전자는 글로벌 기업 중에서도 대단한 기업인 건 사실이다. 그 역량을 파헤쳐 보게 되면 충분히 미래에 대한 가능성이 높지 않을까 생각한다.

▶ 파운드리 시장 규모

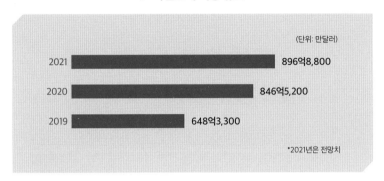

(단위: 만달러)

2021	896억8,800
2020	846억5,200
2019	648억3,300

*2021년은 전망치

출처: 트렌드포스

　삼성전자가 2030년에 비메모리 반도체 세계 1위가 되겠다는 선언이 허무맹랑한 이야기라고 생각하지 않는다. 왜냐하면 지금까지 불가능한 일을 구현해온 게 바로 삼성전자이기 때문이다. 비메모리 반도체는 최근 파운드리라고 해서 주문형 반도체를 위탁생산하여 만든다.

　삼성전자가 파운드리에 참여하면서 대만 기업들도 바짝 긴장하고 있다. 이런 추세를 보게 되면 비메모리 반도체의 강자로 떠오를 가능성이 있다. 게다가 삼성은 반도체부터 모빌리티에 관련된 능력을 모두 보유하고 있는 기업이다. 내가 보기에는 그만큼 파고를 넘어왔었고 어려움을 극복해왔기 때문에, 삼성전자가 비메모리 반도체의 새로운 강자가 될 가능성이 크다.

모빌리티,
기승전 '자율주행'이다

진격하고 있는 퀄컴

🎙 퀄컴 얘기를 해보겠다. 어쩌다 오래된 스마트폰을 분해하면 반도체 칩에 '퀄컴', 이렇게 써 있다. 퀄컴은 대체 무엇을 만드는 것일까?

퀄컴, 하게 되면 반도체 중에서도 부가가치가 높은 비메모리 반도체 그리고 시스템이 강조돼 있는 회사다. 그리고 원천기술을 가지고 있어서 스마트폰이 판매될 때마다 지적소유권에 대한 로열티를 상당히 받고 있다. 삼성전자가 스마트폰을 팔면 팔수록 퀄컴은 더 부자가 된다고 얘기를 할 정도다. 퀄컴은 원천기술 노하우가 많은 회사기 때문에 반도체 최고 강자 중에 하나라고 할 수 있다.

자동차 분야의 모빌리티 개념이 진행되면 될수록 퀄컴의 중요성도 커지게 될 것이다. 엔비디아, 퀄컴, 인텔은 반도체 하드웨어 쪽에 포인트를 많이 주고 있다. 반면에 구글, 아마존, 페이스북, 애플. 이 기업들은 소프트웨어 쪽을 강조하고 있다. 소프트웨어와 하드웨어의 두 가지 강점을 어떻게 강조하느냐가 미래 모빌리티 산업의 키워드라고 볼 수가 있다.

🎙 퀄컴이 여태껏 비메모리 반도체 분야의 강자였는데 신사업이라고 할 수 있는 자율주행 플랫폼 아폴로에 참가를 한다며 NXP라는 회사를 인수하려다가 실패했다.

중국 바이두의 주력이 소프트웨어다. 전자상거래 분야도 하고 있지만 소프트웨어 강조를 하면서 인공지능에 포인트를 주고 있다. 바이두의 자율주행차 플랫폼이 아폴로라는 플랫폼이다. 미래 먹거리 중에서 자율주행차, 이 자율주행 기능을 누가 빨리 구현해서 레블4나 레블5 단계로 넘어가느냐가 상당한 관건이다. 퀄컴이 이런 기업들을 인수하려는 것은 반도체 제조뿐만 시스템까지도 구현해서 자율주행차 쪽으로 넘어가기 위한 하나의 움직임이라고 보고 있다.

결국 종점은 자율주행

🎙 결국은 기승전 '자율주행' 쪽으로 가는 것인가.

그렇다. 자율주행차가 미래 먹거리 중에서 가장 핵심이 될 것이다. 자율주행차는 레블0부터 5까지 6단계가 있다. 레블5 단계를 만들기 위해서 수많은 노력을 하고 있다. 그런데 자율주행차가 사람 대신에 운전해준다는 식으로만 받아들이면 안 된다. 이 자율주행이라는 개념이 모든 이동수단 패러다임을 완전히 바꾸고 있다.

자율주행은 물류 혁명을 일으켜서 군집 운행을 시킬 수 있다. 저속으로 움직이는 자율주행이 보편화되는 것은 시간문제라고 볼 수 있다. 예를 들어 능동식 안전장치를 통해 아예 사고를 미연에 방지하는 장치뿐만 아니라 풀 파킹 시스템이라고 직접 주차장에 주차할 필요가 없이 스마트폰 앱을 사용해 자동으로 주차하고, 자동으로 집 앞까지 나오게 할 수 있는 발레 파킹 기능도 보편화될

바퀴 달린 것에 투자하라

것이다.

🎤 기능적으로 할 수 있는데 되게 번거롭다. 또 잘 안 될 때도 있고.

지금 말하는 것은 파킹 어시스트 시스템이라고 하는 주차 보조 시스템이다.

🎤 리모콘을 누르면 알아서 가서 파킹하고. 나오면 알아서 오고. 테슬라는 지금 구현이 되어 있지 않나?

완전한 구현은 아니지만 그쪽으로 가고 있다. 이 기술이 그냥 나온 게 아니라 바로 자율주행차를 통해서 나온다. 응용할 수 있는 분야가 넓기 때문에 미래에 자율주행차를 누가 지배할 것인가와 마찬가지로 어떤 인공지능을 넣을 것이냐도 관건이다. 스마트폰을 보자. 삼성전자는 스마트폰 시장을 애플과 양분하고 있다. 그런데 삼성 스파트폰에 들어가는 OS가 안드로이드다.

삼성전자는 열심히 반도체를 만들어왔는데, 이걸 움직이는 알고리즘, 정신망으로 안드로이드를 쓰기 때문에 일일이 로열티를 내야 한다. 그러기에 인도 삼성 법인에서 타이젠이라는 OS를 따로 만들고 있다. 삼성전자에서 하드웨어만 만드는 게 아니라 앞으로는 소프트웨어까지 만들어 모든 먹거리를 가져가겠다는 포부라고 할 수 있다. 하드웨어와 소프트웨어 간의 영역 침범이 일어나고 있는 것이다. 그러기에 지금 퀄컴, 인텔, 엔비디아가 역할 분담이 다른 소프트웨어 쪽으로도 진출해서 시장을 확대하며 주도권을 쥐겠다고 하는 것이다.

🎤 자율주행이 미래 먹거리 중에 가장 돈이 많이 될 것으로 여기고 글로벌 탑 브랜드 기업이 너도 나도 할 것 없이 여기에 다 집중하고 있다.

그렇다. 예전에는 자기 영역 분류했고 다른 영역은 몰랐다. 지금은 남의 영역도 알아야 융합할 수 있다. 미래 자동차, 지금까지 얘기했던 기업들 반도체, 하드웨어, 소프트웨어 모든 게 융합해서 다 들어간다. 모든 기술이 차 안에 담기게 된다.

🎤 구글, 애플, 아마존 측에서 '자율주행으로 몇 만 킬로미터 달렸다.'며 계속 유튜브 영상 등으로 홍보하고 있다. 왜 구글이 자율주행을 하고 있지? 이런 생각도 들었다.

미래 먹거리가 거기에 다 몰려 있기 때문이다. 미래에는 고부가가치 사업, 이게 없으면 한계 기업이 될 수밖에 없다.

🎤 그래서 구글, 애플, 아마존 등이 AI용 반도체 자체 개발을 하고 있는 모양이다. 이들의 전략은?

미국의 GAFA(구글, 애플, 페이스북, 아마존닷컴)는 미래를 주도하고 있다. 이 기업들이 만드는 소프트웨어는 단순한 전자상거래로 사용되는 소프트웨어가 아니라 바로 AI, 즉 인공지능이다. 인공지능은 딥 러닝이라고 부르는 학습 기능을 갖고 있어서 기존 컴퓨터 알고리즘과는 다르다. 인공지능 시스템을 사용하는 게 자율주행차다. 자율주행차는 스스로 생각하고 알아서 판단해서 움직일 때 사람의 도움을 받지 않게 된다.

GAFA는 세계를 주도하는 소프트웨어 기업이지만 앞으로는 소프트웨어 만드는 회사, 메모리 반도체 만들던 회사, 비메모리 반도체 만들던 회사, 센서 만들던 회사가 융합하게 될 것이다. 또는 인수합병, 적과의 동침, 공동개발이 기본이 될 것이다. 이런 모습들 혼재되면서 인수·합병도 거세지지 않을까 생각된다. 패러다임이 급변하고 있다. 이 변화에 능동적으로 대처하지 않으면 도태될 수밖에 없다.

첨단 기술은 미래 자동차에 담긴다

🎙 현대차, 기아차, 현대글로비스 주식을 다 사고, 또 미국 주식인 테슬라도 사고 그리고 AI 기업 주식도 사고, 자율주행 기업 주식도 사면 좋을 것 같다. 여기에 반도체를 개발하는 회사들도 포트폴리오에 넣어야 하지 않을까.

그래야 구색이 맞지 않을까 싶다. 단순한 이동수단으로서의 자동차 개념을 이제는 버려야 한다. 앞으로 반도체 회사도 미래 자동차의 일부라는 생각을 가져야 한다.

🎙 4차 산업혁명은 모빌리티다?

그렇게 말해도 과언이 아니다. 왜냐하면 모빌리티에 4차 산업혁명에 관련된 모든 게 다 들어가게 된다. 미래차를 보라. 운전자가 흘리는 땀과 맥박을 재고 눈동자 움직임을 읽어 '전날보다도 컨디션 상태가 50퍼센트밖에 안 되네, 어제 술 드셨네.' 그러면서 오늘은 시동을 걸지 않겠다고 판단한다. 이런 의학 진단까지도 자동차에 구현된다. 이렇게 되려면 센싱이 좋아야 하고 판단하는 능력도 좋아야 한다. 즉 모든 기능이 집약돼야 한다. 그걸 다 반도체와 소프트웨어로 분석하는 것이다.

바퀴 달린 것에 투자하라

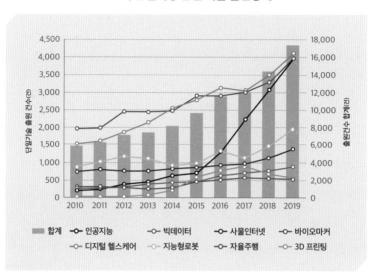

▶ 4차 산업혁명 관련 기술 출원통계

출처: 특허청

🎙 우리가 출근하고 퇴근하고 친구들 만나서 치맥을 하고…… 이렇게 사람이 움직이는 경로 빅테이터가 자동차에 계속 쌓인다. 이 빅테이터를 인공지능이 분석한다. 이 데이터를 가지고 광고 플랫폼 회사와 연계해 이 사람이 자주 가는 거리에 관련된 광고가 차 안 모니터에 뜬다.

　　운전자의 취향을 분석해서 그 사람에 맞는 맞춤광고를 보여주는 것이다. 그러면 광고가 된 물건을 구입할 가능성이 높아진다. 어떻게 보면 자율주행이 되면 개인의 프라이버시가 노출될 가능성이 높다. 이로 인한 문제가 분명히 있을 것 같다. 지금도 개인의 동선과 방문 공간을 다 알 수가 있다. 앞으로 이게 더 심해지기 때문에 겁이 나는 상황이 올지도 모른다.

자동차 블랙박스도 다 탑재가 된다. 그러면 모든 흔적이 다 나온다. 그리고 흔적을 지울 수가 없다. 그런 정보는 아무나 접근하면 안 된다. 어떻게 보면 별로 좋은 시대는 아니다.

🎤 자율주행이 되면 해커들이 큰돈을 받고 바이러스를 심어서 사고가 나게 하는 걸 막기 위한 방법으로 양자 암호, 블루체인 등 여러 가지가 있다는데 이런 건 걱정을 안 해도 되나?

걱정을 해야 한다. 자율주행차에 대한 법적·제도적 정립도 안 돼 있다. 보험도 안 만들어졌다. 자율주행 레블4가 나오려면 시간이 좀 걸린다. 자율주행차에는 블랙박스가 의무적으로 탑재가 된다. 그리고 약 200미터 범위 너머에 있는 것은 원격으로 5G, 지능형 교통 시스템을 통해서 정보를 주고받기 때문에 중간에 누가 인터셉트해서 정보를 잡게 되면 바로 해킹이 된다.

그래서 영화 같은 일들이 일어날 수 있다. 자동차 사고로 사람이 사망했는데 알고 보니 살인 사건이 되는 경우들. 충분히 나올 수 있는 이야기다. 움직이는 컴퓨터가 바로 자동차다. 지금 컴퓨터에 바이러스 들어가게 되면 백신이 나오고 그래서 서로 치열하게 싸운다. 한 번 막으면 또 그걸 뚫고 들어가고 백신은 또 막고. 자동차도 같다.

문제는 생명을 담보로 하고 있다는 것이다. 미국에서도 자동차를 해킹을 한 성공적인 사건이 5건 정도가 있다. 5킬로미터 정도 떨어진 곳에서 노트북을 제어해서 운전자의 의지와 관계없이 핸들을 꺾어서 사고를 일으킨다든지 이런 사건이 5건 정도가 생겼다.

언젠가 지상파 방송에서 요청이 왔다. 나에게 공식적으로 해킹 좀 해달라고, 다큐멘터리로 찍겠다고 했다. 그래서 세계 3위 안에 드는 해킹하는 교수부터 시작해서 해킹 인력을 모집해서 한동안 실험 준비를 했다. 해킹은 불가능한 게 아니다. 요새 국내에서도 애플의 카플레이, 안드로이드 오토로 자동차와 스마트폰과 연동해 스마트폰 기능을 차에서 구할 수 있다. 이게 된다는 뜻은 해킹 가능성도 높다는 뜻이다. 어떻게 보면 포니 같은 기계식 자동차가 속 편할 수 있다.

▶ 자율주행차 관련주

종목	내용
에이테크솔루션	가전, 디스플레이, 자동차 및 정보통신용 금형을 제조, 판매하며 이탈리아 자동차부품 회사 마그네티 마렐리에 램프 관련 금형 제품 납품
실리콘웍스	자율주행차 센서, 전력관리용 반도체, 제동장치용 반도체 등 주로 자동차 분야에 연구개발을 집중. LG그룹 전장 사업 추진에 따른 수혜 예상.
팅크웨어	내비게이션 및 Map S/W, LBS사업 영위. 아이나비 출시로 네이게이션 사업에 진출하였으며 이후 고화질 블랙박스 출시. 국토교통부와 자율주행차용 정밀지도구축 관련 업무협약을 체결하여 자율주행차 사용화를 위한 인프라 구축에 나서고 있음.
텔레칩스	인포테인먼트 셋톱박스 용 AP 칩 설계. 국내 유일의 차량용 반도체 팹리스 업체로 NXP같은 글로벌기업과 경쟁관계 있음.
칩스앤미디어	반도체에 들어가는 영상IP를 제조. 국내 기업 중 유일하게 '비디오 IP' 생산능력을 보유.
앤씨앤	반도체 제품의 제조 및 판매를 주 사업으로 영위. 영상보안 및 자동차용 영상처리 반도체칩을 설계하는 팹리스업체로 영상처리 분야의 선도적 기업. 자동차사업 부문은 ADAS에 필요한 차량용 고화질 영상처리 반도체를 설계.
아이에이	자동차용 비메모리 반도체 팹리스 회사이며 국내에서 가장 다양한 자동차 반도체 칩 설계 기술 보유.
현대모비스	순수 국내 자율 주행 기술을 확보하고 있으며 고해상도 단거리 레이더를 개발 중. 카메라와 센서 기술에 집중 투자.

바퀴 달린 것에 투자하라

GAFA는 세계를 주도하는 소프트웨어 기업이지만 앞으로는 소프트웨어 만드는 회사, 메모리 반도체 만들던 회사, 비메모리 반도체 만들던 회사, 센서 만들던 회사가 융합하게 될 것이다. 또는 인수합병, 적과의 동침, 공동개발이 기본이 될 것이다. 이런 모습들 혼재되면서 인수·합병도 거세지지 않을까 생각된다. 패러다임이 급변하고 있다. 이 변화에 능동적으로 대처하지 않으면 도태될 수밖에 없다.

현대글로비스 주가, 어떻게 움직일까

대기업의 중고차 시장 진출

🎙️ 현대글로비스가 중고차 시장에 진출한다. 그런데 현대차가 중고차 시장에 진출한다, 이런 얘기들이 돌고 있다. 이것을 어떻게 이해해야 할까?

같은 몸체라고 보면 된다. 현대글로비스는 중고차 경매에서 국내 최고 순위를 차지하고 있다. 중고차 관련 전문 인력이나 시스템 노하우를 가지고 있는 게 현대글로비스다. 게다가 현대차와 기아차의 물류, 부품부터 시스템을 총체적으로 진행하고 있다. 결국 현대차 등 대기업은 중고차 분야에 진출하고 기존 기업과의 상생협력안을 통하여 윈윈 개념의 진행이 기대된다. 현대차는 제네시스 등 프리미엄 브랜드를 중심으로 일정 비율 인증 중고차를 진행할 것이다.

🎙️ 최근 전 세계에서 독점에 대한 우려가 많아지고 있다.

사실 중고차 시장에 대기업이 진출하는 것에 대한 여러 논란이 있다. 그중에서 가장 독특한 게 현대차 및 기아차의 국내 신차 시장 점유율이다. 두 회사의 점유율이 70~80퍼센트 정도다. 이 정도로 한 그룹이 신차 시장을 독점하고 있는 나라는 OECD 국가에서 우리나라가 유일하다. 그런데 여기에 중고차 시장까지 진출하겠다는 얘기는 신차에서 중고차에 이르기까지 큰 영향력을 가져오겠다는 소리다.

2013년에 동반성장위원회에서 중고차 시장은 중소기업 적합업종이라 해서 대기업이 진출하지 못하게 막았다. 그것을 3년씩 2번을 연장했다. 2019년 말에 이 중소기업 적합업종이라는 업종 자체가 일몰이 되었고, 그 이후에 새로 생겨난 것이 생계업 지정이다.

그때 중고차 업계, 특히 연합회에서 중고차 시장에 대기업이 진출하면 아직 안 된다고 밝혔다. 그런데 동반성장위원회에서는 생계업 지정 부적합 판정을 내렸다.

즉, 대기업이 진출해도 된다는 소리다. 이 의견을 최종 결정 기관인 중소기업벤처부에 제출했다. 그런데 코로나19로 인해서 발표를 못하고 있기도 하고 워낙 민감한 문제다보니까 계속 늦춰지고 있는 상태이었다. 허위 미끼 매물 등 문제 때문에 소비자를 보호하기 위해 대기업이 진출해서 여러 문제를 개선해야 한다는 논리도 힘을 많이 얻고 있다. 결국 일정 비율 대기업 진출과 함께 법적 구속력을 갖는 상생협력안이 마련됐다.

🎙 지금 인터넷에서는 대기업이 중고차 시장에 진출하면 좋다고 환영하는 분위기가 많이 있다. 반면에 진짜 대기업이 중고차 시장에 들어오면 투명해지냐는 의견도 있다.

현재 중고차 시장은 문제가 있다. 허위·미끼 매물 문제, 위장 당사자 거래 문제, 성능 점검 문제, 품질 보증 문제 등 여러 문제가 존재한다. 지금은 사라졌지만 예전만 하더라도 호객 행위도 있었다. 소비자원에 보고되고 있는 부정적인 피해 사례가 많은 게 중고차 분야다.

🎙 나도 허위·미끼 매물이 있는지 혹시나 하고 한 번 가 봤었는데, 매뉴얼이 있는지 고객을 계속 뺑뺑 돌게 만들더라.

그런 식으로 소비자를 지치게 만들고 비슷한 차종 보여주면서 계약하게 만든다든가 하는 경우도 있었다. 지금은 허위·미끼 매물이 아직 많이 남아 있다고 하지만, 중고차 단지가 선진화되면서 지금은 허위·미끼 매물 업체가 나오면 바로 퇴출된다. 그러지 않으면 단지 이미지가 엉망이 되어버린다.

그런 말이 아직까지 나오는 것은 요즘 일부 지역에 있는 '패거리' 때문이다. 허위 매물을 올리는 팀들이 있다. 미꾸라지 한 마리가 흙탕물을 만들고 있다는 것이다. 허위 매물을 올리는 딜러는 사실 그렇게 많지는 않다. 소비자의 부정적인 시각이 팽배해 있어서 소수의 업체로 인해 정직한 업체까지 피해를 입고 있다. 이런 상황에서 브랜드 이미지를 가지고 있는 대기업이 진출한다고 생각해보라. 조만간 인증 중고차라는 게 들어온다. 인증 중고차가 들어오면 AS 기간을 길게 보장을 해준다. 그러나 그만큼 중고차 가격이 올라간다. 인증 중고차는 이미 수입차 같은 경우에 진행하고 있다.

수입 중고차 인증을 하다보니까 이제는 매물이 없다. 중고차 관련 중소 업체들은 좋은 매물이 씨가 말랐다고 하고 있다. 그래서 수입차 시장이 많이 무너졌다, 이렇게 얘기가 나온다. 그만큼 독점적으로 진행을 하고 있기 때문에 생기는 문제다. 국산차에서도 인증 중고차를 한다고 하면 가격은 분명히 올라갈 것이다. 그러나 소비자 입장에서는 안심하고 중고차를 살 수 있다. 지금 같은 허위·미끼 매물 같은 문제는 분명히 개선된다. 동전의 양면 같은 특성이 있는 것이다.

하지만 꼭 대기업이 진출해야 허위·미끼 매물이 없어지는 것은 아니다. 얼마 전부터 경기도에서 중고차 허위·미끼 매물 사이트를 발굴해서 검찰에 고발하고 있다. 그러다보니까 그런 사이트가 90퍼센트 없어졌다. 지자체나 중앙 정부 특히 국토교통부에서 노력하면 허위·미끼 매물을 파는 업체를 없앨 수 있다.

걱정하는 것 중 하나가 현장에서 일하고 있는 매매 사원, 일명 딜러들이다. 우리나라에 딜러가 최소 4만 명에서 10만 명 정도 된다. 그런데 10만 일자리가 설사 대기업의 중고차 인증 사업이 진행되어도 유지되어야 한다는 것이다. 현재 정부가 핵심적으로 추진하고 있는 게 일자리 창출이다. 정부는 대기업의 중고차 진출에 따른 장단점을 제대로 파악하고 동시에 일자리 유지라는 두 마리의 토끼를 잡아야 한다는 것이다.

중소벤처기업부에서 쉽게 발표 못했던 이유에 이런 문제도 있는 것이다. 시장이 무너질 수도 있고 골목상권에 피해가 생길 수도 있다. 그래서 상생할 방법을 고민했다. 어떻게 보면 소비자의 선택 폭을 넓힌다는 측면에서 대기업의 중고차 시장 진출은 당연한 수순이다. 대기업이 진출하더라도 과연 개인이나 중소기업들이 운영하던 골목상권이 존재할 수 있게 하는 상생협력안을 만드는 게 중요하다.

🎙️ 그럼 발표하면 바로 시행이 되는 것인가?

유예기간을 둔다하더라도 준비는 상당히 돼 있기에 유예기간을 장시간 두기는 어렵다. 협의가 잘 진행되어 올해부터라도 당장 진행한다고 할 수 있다. 그렇지 않아도 SK엔카라는 대기업이 있지 않나. 중소기업 적합업종 이전에 이미 진출한 기업이었기 때문에 그걸 인정을 한 사례. 그러나 총량계 개념으로 중고차 단지에서 SK엔카라는 이름으로 확대하지 못하게 규제가 된 사례이다.

30조 원 규모의 중고차 시장

대기업이 중고차 분야에 진출하는 가장 큰 이유는 수익 극대화와 신차와 중고차의 연동성 측면에 강하다고 할 수 있다. 역시 돈 문제다. 중고차 분야가 어느 정도 규모냐. P2P까지 합쳐서 연간 380만 대 거래되고 있다. 규모로 따지면 30조 원 시장이다. 엄청난 시장이다. B2C로만 보면 260만 대 정도로 보고 있다. 차 한 대가 천만 원이라고 가정해보자. 그런 차가 백만 대라고 한다면, 도대체 얼마가 되겠는가? 1천억 원이다. 규모의 경제가 된다는 소리다.

중고차에서는 각종 비즈니스 모델들이 많다. 중고차를 소비자에게 전달할 때 그 과정을 한번 살펴보자. 매입하고 진단 평가하고 정비를 하고 광택을 내고 세차도 하고 탁송도 한다. 또 중고차를 현금만 주고 사는 게 아니라 캐피털, 할부 형태로 진행하기도 한다. 요새 금리가 2퍼센트가 채 안 되는데 중고차는 할부 이율이 연 10퍼센트 정도 된다. 이런 부문까지 따지게 되면 중고차 시장 파생 비즈니스 모델들이 엄청나게 많다.

🎙 약 30조 원 시장에서 현대글로비스가 차지하는 점유율을 예상하면?

상생협력안을 통해 본다면 약 3년 이내에 10퍼센트 점유율을 예상하고 있다. 연간 300만 대 시장이라고 보면 30만 대 수준이다. 물론 일반 차종 대비 프리미엄 차종을 통한 사업을 진행하는 만큼 다양한 사업모델도 추가될 것이다. 역시 가장 중요한 점은 막혀 있던 중고차 분야에 대기업이 진출하는 틈새를 여는 데 성공했다는 점이다. 그만큼 기업의 입장에서는 새로운 사업 진출을 통한 활성화라는 인센티브가 추가될 것으로 예상된다.

🎙 현대글로비스의 중고차 시장 진출 이야기가 2018년부터 들려왔고 2019년부터는 좀 빠르게 진행됐다고 들었다. 그런 측면에서 보면 현대글로비스 주가가 올라가는 게 비정상적인 게 아니었던 것 같다.

2019년 말에 동반성장위원회에서 중고차의 생계업 부적합 판정을 내리면서 대기업 진출을 열어줬다. 그래서 기대 심리가 컸다. 그러면 누가 혜택을 볼까. 결국은 중고차의 전문가 집단인 현대글로비스가 들어올 수밖에 없었다. 이런 부문이 반영이 되면서 현대글로비스의 가치가 상승했다. 물론 이번 중고차 분야 진출은 현대글로비스뿐만 아니라 현대차 내에 별도의 팀을 두어 일부 내용을 진행하면서 역할분담을 할 수도 있을 것이다.

그리고 한 가지 더 유심히 살펴봐야 할 포인트가 있다. 현대차 그룹이 '정의선 시대'가 열리며 지배구조 개편 작업이 수면 위로 떠올랐다. 경영권 승계는 우려와 잡음 없이 이뤄졌지만 순환출자

해소 등 그룹 내 복잡한 지배구조를 손질해야 하는 큰 숙제가 남겨졌다. 문제는 정 회장이 그룹의 핵심 계열사인 현대모비스와 현대차, 기아 등의 지분이 미미하다는 점이다. 원활한 지배구조 개편을 위해 이들 지분율을 높이기 위해서는 막대한 자금이 동원돼야 한다.

물론 지배구조 개편 시도는 처음이 아니다. 2018년 미국계 헤지펀드 엘리엇 매니저먼트 등의 반대로 한 차례 실패했던 경험은 뼈아팠다. 원래는 현대글로비스와 현대모비스가 주식을 서로 맞교환한 상태로 출자 구조를 끊을 계획이었다. 정의선 회장 체제에 들어오면서 가장 해결해야 될 과제 중에 하나가 순환출자 구조를 끊어주는 것이다.

이걸 끊을 때 회사의 가치는 더 올라간다. 물류회사인 현재 상태에서 현대글로비스의 역량을 키운다는 것이 간단한 게 아니다. 새로운 사업 모델에 들어가서 부가가치를 몇 배로 키워야 한다. 그 중 하나가 중고차 시장 진출이다. 그 시장이 상당히 크니 주가가 올라가는 배경에 기대 심리가 상당히 있었다고 생각한다.

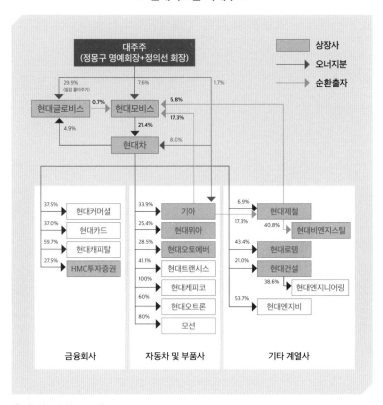

▶ 현대차그룹 지배구조

출처: 메리츠종금증권

🎙️ 현대글로비스의 주가가 계속 상승하고 영업이익이 계속 올라가면 현대차그룹에서 정의선 회장의 입지는 더 공고해질 수밖에 없을 것 같다.

그렇다. 현대글로비스의 가치가 올라가면 그 역할이 커진다.

또 그만큼 역량도 올라가는 것이니까 순환출자 구조를 끊을 때도 굉장히 중요한 역할을 할 것이다. 현대글로비스에 새로운 비즈니스 모델이 추가되면서 새로운 도약을 할 채비를 갖추게 됐다. 중고차 시장은 국내 내수 시장만 있는 게 아니라 수출 중고차 시장도 있다. 2019년만 해도 중고차 46만 대가 수출됐다.

▶ 정의선 현대차그룹 회장 주요계열사 보유 지분

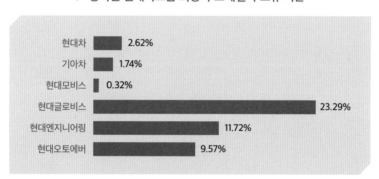

출처: 금감원, 반기보고서

▶ 현대차그룹 중장기 투자계획

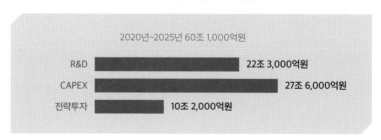

출처: 현대차그룹

🎙️ 언급한 매머드 시장에서 해외 쪽은 뺀 것인가?

언급한 시장은 국내 내수 시장이다. 해외 수출은 아마 몇 조 원 정도의 시장 규모가 가능할 것으로 보고 있다. 동남아 등의 해외 진출도 현대글로비스가 이미 진행하고 있다. 현대글로비스는 역량 강화라는 측면에서 국내뿐만 아니라 해외시장 진출까지 고려하고 있을 것이다.

다른 기업의 중고차 시장 진출은?

🎙️ 중고차 시장에서 현대글로비스가 시장 점유율을 흔드는 만큼 시장을 차지할 수 있다고 했다. 그런데 현대차만 있는 게 아니고 좀 미약하지만 다른 기업도 있지 않나?

5개 기업이 있다. 2강 3약 체제다. 현대차, 기아가 강이고 르노삼성, 쌍용, 한국GM이 약이다. 쌍용차는 오늘내일할 정도로 어려운 상황이다. 한국GM도 8천1백억 원을 투자 받아 지탱하고 있지만 그다음 세대까지 보장하기는 어렵다. 르노삼성은 차량을 판매는 하고 있지만 주력 모델이 희박하다. 오히려 OEM 수입차가 치고 올라오고 중이다. 벤츠 같은 경우에는 2019년에 단일 차종으로만

8만 대를 팔았다. 대기업이 중고차 분야에 진출하면 이 5대 메이커 중에서 3약들도 분명히 중고차 분야에 진출할 것이다.

▶ 중고차 시장 거래규모

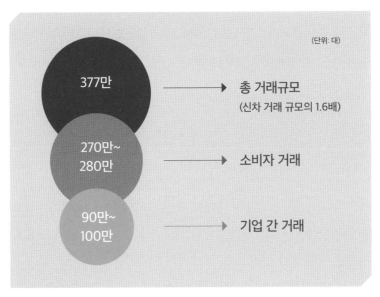

(단위: 대)

377만 → 총 거래규모
(신차 거래 규모의 1.6배)

270만~ 280만 → 소비자 거래

90만~ 100만 → 기업 간 거래

출처: 국토교통부

미국은 중고차 시장 규모가 세계에서 가장 크고 치열하다. 미국도 자동차 제작사가 중고차 시장에 진출했는데 점유율이 7퍼센트밖에 나오지 않는다. 그만큼 치열하다는 뜻이다. 또 다른 대표적인 예로 독일이 있다. 독일은 대기업 중고차 시장 점유율이 약 17퍼센트가 된다. 벤츠, BMW, 아우디, 폭스바겐, 세계적인 자동차 제작사, 프리미엄 브랜드가 포진하고 있는데 대기업의 중고차 시장 점유율이 17퍼센트라는 것은 그리 큰 수치는 아니지만 영향력은 최고 수준이다.

🎙 고객이 현대글로비스를 통해서 중고차를 구입하게 되면 보통 현대캐피탈을 많이 연결해줄 것 아닌가?

자연스럽게 프로그램으로 만들거나 혹은 융합형으로 만들 수 있다. 그러면서도 현대차에서 보증을 해주는 개념으로 진행하니까 허위·미끼 매물이 많이 사라지는 것은 당연하다고 볼 수가 있다. 이런 식으로 시장이 활성화돼 중고차 분야 시장 규모가 지금보다 1.5배, 2배로 커진다면, 관련 비즈니스 모델도 다양하게 창출될 수밖에 없다.

▶ 중고차 시장이 미래 먹거리인 이유

1. 중고차 시장 규모 연 30조 원
2. 애프터마켓 규모 만만치 않아
3. 정비·금융·보험·폐차 등 맞물린 시장 많아
4. 중고차와 신차의 리사이클링 시장 존재
5. 향후 4~5배 더 성장 가능

쌍용차… 과연 살아남을 수 있을까?

올해 자동차 업계의 가장 큰 악재 중 하나가 바로 쌍용차 문제다. 쌍용차는 중장기적인 문제가 아닌 당장 해결해야 할 심각한 과제다. 2019년 12월 기업회생절차를 신청해 자율적인 구조조정기간을 2개월 받았다. 오는 2월까지 투자자 또는 모기업인 인도 마힌드라의 투자가 필수다. 작년 여름부터 투자자로 언급되던 미국 자동차 유통회사인 HAAH오토모티브는 아직 유의미한 언급이 없다. 그러나 분명히 투자를 받아야 생존 가능성이 있다는 것이다.

가장 큰 문제는 쌍용차의 미래가치가 크지 않다는 것이다. SUV에 차종이 한정되어 있고 사라져가는 디젤엔진 기반이며, 전기차 등 미래 모빌리티에 대한 원천기술이 약해 투자유치에 한계가 있다. 청산가치가 미래가치보다 크다고 판단하면 심각한 결과가 초래될 수도 있다.

가장 핵심은 모기업 향방이다. 마힌드라가 움직여서 직접 투자하거나 투자처를 찾지 못한다면 어느 누구도 움직이기 어렵다. 일개 민간 기업을 지분도 없으면서 정부가 개입하여 공적 자금을 투입할 경우 국민적 저항을 받을 수 있고 다른 민간 기업과의 형평성 문제가 제기된다. 우선 모기업의 투자향방에 따라 정부가 방향을

바퀴 달린 것에 투자하라

돌려볼 수 있는 방법을 모색하는 것이 올바른 방법이다.

최근 산업은행이 상당액을 투자하여 국유화에 대한 언급도 있으나 심각한 문제를 야기할 수 있는 사안인 만큼 성사 가능성은 매우 희박하다. 물론 예전에 정부가 개입하여 쌍용차 해직자들의 복직 문제를 직접 언급한 만큼 이미 발을 담근 사례가 있어서 고민은 있을 것이다. 또 현재 정부는 가장 큰 목적이 일자리 창출인 만큼 대규모 해고에 대한 대안은 찾아야 하기 때문에 쌍용차 문제는 더욱 고민의 대상이 되고 있다.

현대차에 의한 인수 가능성은 더욱 어려울 것이다. 그렇지 않아도 현대차그룹은 이미 국내 시설이 넘쳐나고 있는 실정이고 미래 모빌리티 플랫폼 완성이라는 숙제를 해결하기 위해서는 국내보다 해외에 초점을 맞출 수밖에 없다. 더욱이 현재 정부가 기업 프랜들리 정책보다는 사업하기 어려운 노동자 프랜들리 정책을 지향하는 만큼 현대차그룹의 인수 가능성은 더욱 낮다.

위탁 생산 언급도 있으나 이 또한 쉽지 않다. 위탁생산은 다른 공장 대비 상당한 경쟁력이 필요하다. 우선 연봉을 상당폭 인하하지 않는다면 아예 진입조차 어려운 분야다. 생산단가의 획기적 인하와 품질제고가 함께 이루어져야 가능하기 때문이다.

최근 미·중 간의 무역전쟁이 계속되는 만큼 중국의 해외 진출을 위한 교두보로 쌍용차가 활용될 수 있다는 언급도 나오고 있다. '메이드 인 차이나'의 한계를 넘어 아예 국내에서 중국 토종기업의 위탁생산을 하는 우회 수출로로 중국이 활용할 수 있다는 것이다. 물론 이 경우도 지리자동차나 BYD 등 중국 토종기업의 선택을 받아야 한다. 앞서 언급한 미국 HAAH의 경우도 뒤에 중국의 토종기업이 있다는 언급도 나오고 있어서 눈여겨 볼 필요가 있다. 동시에 SUV의 차종 한계를 도리어 위기 극복요소로 활용할 수도 있다. 이미 글로벌 시장에서 SUV는 과반의 시장으로 확대되고 있고 이를 활용하여 전문 SUV 기업으로 탈바꿈하자는 것이다.

쌍용차는 내부 허리띠를 졸라매야 하고, 노사 안정화는 기본이다. 그리고 신차 한두 기종은 정상 출시해 매출을 올리는 작업에 매진해야 한다. 동시에 국내 잉여 자산 처리와 모기업의 투자 유치가 이루어져야 한다. 이후 정부의 관심을 촉발시켜 공장 자금 투입이 진행되어야 살아날 수 있다. 특히 투자를 받아도 액수가 적다면 일정 기간의 생명유지 기능만 있는 만큼 근본적인 개혁이 이루어져야 장기생존이 가능해질 수 있다. 역시 핵심 관건은 1차적으로 투자를 이끌어내야 정부도 관심을 가지고 관여할 수 있는 명분을 찾는다는 것이다. 한정된 시간 내에 투자를 이끌어내지 못하면 결국 법원 중심의 법정관리가 시작되고 청산가치가 크면 결국 생존 자체가 불가능할 수도 있다.

"

중고차 분야가 어느 정도 규모냐. P2P까지
합쳐서 연간 380만 대 거래되고 있다. 규모로
따지면 30조 원 시장이다. 엄청난 시장이다.
B2C로만 보면 260만 대 정도로 보고 있다.
차 한 대가 천만 원이라고 가정해보자. 그런
차가 백만 대라고 한다면, 도대체 얼마가
되겠는가? 1천억 원이다. 규모의 경제가
된다는 소리다.

"

모빌리티 공유경제의
현재와 미래

공유경제 비즈니스 모델

🎙 카 쉐어링, 라이드 쉐어링 등 세계에 모빌리티 공유경제의 바람
이 불고 있다. 공유 모델에 관해 이야기해보자.

세계는 지금 모빌리티 공유 모델에 관한 관심이 매우 높다. 자
전거, 초소형 전기차와 같은 마이크로 모빌리티는 물론이고 우버
로 대표되는 자동차 공유 모델 관련 기업도 쏟아지고 있다. 전동킥

보드 같은 퍼스널 모빌리티도 유행이다. 모빌리티가 유행함에 따라 관련된 공유경제 비즈니스 모델도 계속해서 생기고 있다.

'타다'는 우버와는 성격이 다른 국내 시장을 잘 반영한 모빌리티 공유 모델이다. 사용자들은 택시보다 비싸지만 깔끔한 차량과 선별 교육한 믿음직한 기사들 덕에 안심하고 이용할 수 있었다. 특히 늦은 시간에 퇴근하는 커리어우먼들이 매우 선호했다.

안타깝게도 2020년, 국내에서 200만 명이 가입한 '타다'가 재판에서 졌다. 이러한 미래가치 산업의 사장을 보면 매우 안타깝다. 타다가 죽으면서 국내 공유 모델은 10년이 죽었다고 할 정도이다. 타다의 재판 패배로 전 세계가 주목하는 모빌리티 공유 모델 분야에서 국내의 기업이 혁신을 이루기 어렵게 됐다.

🎙 국내에서 모빌리티 공유경제에 관한 규제의 대표적인 사례라고 할 수 있다. 국내의 경우 이런 규제에 관해서는 어떤 분위기인가?

안타깝게도 국내 규제는 매우 강하다. 아쉽게도 지금 상태로는 새로운 스타트업이 엄두도 못 내는 상황이다. 이제는 교통 운수법의 개정으로 법 자체의 구속력이 더 강해졌다. 그 결과, 모빌리티 공유 모델의 메인에 해당하는 자동차 분야는 수그러든 상황이다.

오죽했으면 해외에서는 우리나라를 공유경제 모델의 무덤이라고 부를 정도다. 우버도 한국 시장에 진출을 원한다. 어느 정도냐면 자신들이 우선적으로 비즈니스 모델을 구축하겠다고 한다. 금전적인 이득이 없어도 한국에 맞는 모빌리티 공유 모델의 활성화를 돕는 사회적인 기여를 하겠다고 얘기했다.

사실 타다의 모델은 법적인 문제까지 고려해서 만들어진 모델이다. 국토교통부와 같은 정부의 부서와 의견을 나누면서 만들어낸 모델인데, 유권 해석을 통해 결론이 나버렸다.

현재 법이 규제 일변도인데, 법에 없는 내용은 정부의 유권 해석에 따라 결정된다. 법에 저촉이 되는지 안 되는지 물어보면 정부에게 사각지대를 가르쳐주는 꼴이 되어버린다. 새로운 규제가 탄생한다. 풀어지는 규제보다 만들어지는 새로운 규제가 더 많다. 이러한 규제는 국내로 들어오는 투자를 어렵게 만든다.

🎙 미래 산업을 대표할 수 있는 가치를 정부가 법적으로 막은 것은 택시 회사와의 마찰이 컸다고 본다. 상생하는 구조를 만들고 조금 더 현명하게 대처해야 하지 않았나 생각한다. 외국의 경우는 이

런 마찰이 없었나?

그렇지 않다. 10년 전, 미국의 우버가 뉴욕에 진출할 때 택시 기사들의 반발이 엄청났다. 분신자살을 하는 택시 기사들도 있었다. 그런 미국은 우버 같은 공유경제 모델들이 미래 주요 산업이 될 것이라 예상하고 강한 규제를 하지 않았다. 선택을 소비자의 몫으로 돌렸다. 소비자의 선택의 폭이 넓어지면 기업들은 경쟁하고, 경쟁을 바탕으로 발전한다.

미국은 지금 모빌리티 공유 모델이 매우 활성화됐다. 보통 차를 살 때 100퍼센트 현금을 지급하는 경우는 거의 없지 않은가. 그러면 차주는 매달 할부금을 내야 한다. 모든 사람이 일주일 내내 차를 쓰지 않는다. 미국에서는 자신이 사용하지 않는 날에는 주변에 차량을 빌려주고 합리적인 비용을 받는 공유 모델이 잘 구축되어 있다. 그 돈으로 할부금을 내는 것이다.

이런 공유 모델은 계속해서 발전하고 있다. 국가는 이런 미래 중심 산업을 막으면 안 된다. 해외와 비교해서 너무 규제 일변도다. 관련 형사처벌 조항이 3천 가지가 넘는다.

무조건 타다의 모델이 좋다는 이야기는 아니다. 정부가 해야 할 일은 미래를 대비하면서 현재를 발전시키는 것이다. 예를 들면 택시의 경우, 정부 차원에서 언택트 방법을 만들어주거나 비즈니스 모델을 세워주는 것이 더 현명한 일이다. 경쟁력을 키우는 방안을 마련하고 경쟁을 할 수 있는 구도를 만들어야 한다. 결과는 기업 발전과 소비자의 자유로운 선택으로 돌아온다.

🎤 선진국이나 세계 시장을 보면 모빌리티 공유경제 플랫폼들이 각 나라를 넘어 글로벌 회사로 발돋움하고 있다. 결국 규제도 어느 정도 시간이 지나면 풀리고 다른 나라와 발걸음을 맞춰 가지 않겠는가. 해외에서 보는 국내 모빌리티 공유경제 시장은 어떤가?

해외에서는 한국의 모빌리티 공유경제 시장을 매우 큰 시장으로 보고 있다. 말했다시피 우버는 당장 비즈니스 모델을 하지 않고 대한민국 플랫폼에 발전을 위해 투자하고 싶다고 할 정도이다.

우버가 출시된 지 9년째가 되고 있다. 동남아시아의 그랩 등 다양한 모빌리티 쉐어링이나 라이드 쉐어링 모델이 출시되어 글로벌 시장에서 미래 먹거리를 휩쓸고 있다.

9년 전 미국 우버 출시 때 뉴욕주에서만 기존 택시업계의 저항이 심각하게 컸으나 결국 미래를 위한 선택으로 우버가 등장할 수 있었다. 현재는 유사 모델 등과 함께 글로벌 시장을 휩쓸고 있으며, 택시업계도 변화를 통하여 먹거리 확보를 하는 등 다양한 모델이 치열하게 싸우고 있다.

앞에서도 언급했지만 최근에는 옆집에 자신의 자가용을 빌려주고 비용을 받아서 본인의 자동차 할부에 활용하는 등 생각지도 못한 다양한 모델이 활성화되고 있는 정도다. 이 모습은 우리에게 시사하는 바가 매우 크다. 우리는 아직도 예전 시대에 살면서 이해단체에 휘둘리고 국회는 표만 의식하는 구시대에 살고 있다.

결국 소비자가 왕이다. 아직 택시업계는 기득권 유지만을 생각하고 서비스가 매우 취약하다. 출퇴근 시간이나 심야에 택시 잡기가 하늘의 별따기일 정도로 열악하다는 것은 분명히 소비자 중심이 아니라는 것이다.

물론 시간이 지나면 규제는 어쩔 수 없이 풀릴 것이다. 하지만 그러면 늦다. 10년 후에는 의미가 없다. 그때가 되면 외국에서 입증된 모델들이 쏟아지듯 국내로 들어올 것이다. 이미 각 나라에서 운영하면서 얻은 데이터로 무장한 외국의 모델과 규제에 억눌려 있다가 겨우 고개를 든 국내 업체가 경쟁하면 어떻게 되겠는가. 결과는 불을 보듯 뻔하다.

최근에는 금융, 물류 분야로까지 공유경제 모델이 확장되고 있다. 우리나라보다 환경이 좋지 못한 나라에서도 이렇게 빠른 속도로 발전하고 있다. 지금 동남아 시장의 그랩 주가는 웬만한 자동차 제작사보다 높다.

퍼스널 모빌리티 공유 모델

🎙 그렇다면 현재 국내에 다른 모빌리티 공유경제 모델은 없는가?

현재는 기업가치가 1조 원이 넘는 비상장 기업, 일명 유니콘이 나오는 게 어려운 상황이다. 모빌리티 공유 모델의 메인인 자동차는 현재 가라앉고 있고, 사이드만 파고 있다. 국내에서는 전동킥보드 관련 공유 모델들이 우후죽순으로 나오고 있다. 하지만 알다시피 제도적, 법적 문제가 산재해 있다.

사용하기 위해서는 현행 시점으로 16세 이상의 원동기 장치 자전거 면허를 취득해야 한다. 하지만 면허를 취득하고 운전하는 사람이 없다. 또한 법적으로 차도만 다녀야 한다. 전동킥보드는 청소년도 이용 가능한 모빌리티다. 즉 청소년이 차도 위에 올라야 한다는 말인데, 관련 법적 대책이 전혀 없다. 헬멧에 관한 법규도 전혀 없다.

오히려 2020년 12월부터 나이 제한이 13세로 줄어들었다. 자전거랑 똑같이 헬멧을 안 써도 문제가 되지 않게 됐다. 헬멧에 관한 법규도 없는 지금 신체적으로 덜 여문 청소년이 도로 위에서 사고가 나면 인명피해는 종잡을 수 없어질 것이다. 이러한 의미 없는 규제 완화는 관련 기업들도 손사레 치고 있다. 급하다보니 국내에서 전동킥보드 공유 기업이 모여서 16세 이상의 조건을 갖추지 않으면 공유하지 못하게 진행하고 있는 상황이다. 본인 인증과 관련된 규칙도 강화하고 있다. 기업에 입장에서도 사회적으로 문제가 될 수 있는 어린아이들의 가입은 부담스러울 수밖에 없다. 법적인 책임이 가중되기 때문이다.

🎙 현재는 차도로 다녀야 하지만 그런 사람이 별로 없는 상황이라는 말이다. 자전거 도로가 국내에 많이 있다. 2020년 12월부로 전동킥보드 모델은 자전거 도로에 진입하였는데 근본문제는 해결되지 못하고 있는 것으로 알고 있다.

그렇다. 2020년 12월에 풀린 또 한가지 제한은 전동킥보드가 자전거 전용 도로를 이용할 수 있다는 법안이다. 이 법안이 문제가 매우 크다. 전동킥보드는 구조적으로 바퀴가 작다. 바퀴 손상이 자전거보다 매우 빈번하게 일어난다. 또 좌우로 전환이 매우 쉽고 무게 중심도 높아서 불안정하다. 즉 사고가 나면 자전거 혹은 다른 모빌리티와 연쇄적으로 사고가 커질 가능성이 크다. 자전거 도로가 주로 있는 한강 둔치는 대부분 보행 산책로 옆에 있다. 오직 모빌리티끼리의 문제가 아니다. 인명 피해가 늘어날 것이다.

문제점은 이뿐만이 아니다. 시민들이 전동킥보드의 위험성을 인지하지 못하고 있다. 전동킥보드 1대에 2명이 타고 다니는 경우도 많다. 일전에는 2명이 같이 타고 다니다가 건설 현장에 있는 포클레인을 박은 사례도 있다. 병원에 입원했다가 한 명이 사망했다.

이런 다양한 위험에도 시장은 계속 커지고 있다. 다양한 군소업체들이 전동킥보드 공유 모델 사업에 뛰어들고 있다. 문제는 사고가 계속해서 많아지면서 언제 어떻게 정부의 법적인 규제가 생길지 모른다는 점이다. 인명피해가 늘어나면 정부는 규제할 수밖에 없다. 지금도 일 년에 몇 명씩 사망사고가 일어나고 있고, 수백건의 사건 사고가 발생하고 있다. 현재 상황을 봤을 때는 법적인 규제 강화는 필연적이다. 현재로서는 유동성이 매우 큰 모델이 퍼스널 모빌리티 사업이라고 할 수 있다.

🎙 투자라는 관점에서도 언급한 내용처럼 유동성이 큰 위험한 사

업이라 할 수 있다. 퍼스널 모빌리티는 전동킥보드만 있는 것이 아니다. 자전거의 경우 현재 공유 모델도 발전하고 있다. 카카오에서도 출시했고 기존에 서울시에서 시행한 모델이 안착했다고 볼 수 있다.

맞는 말이다. 서울시 모델은 대표적인 성공 모델이다. 특히 코로나19가 창궐한 뒤 언택트 비즈니스 모델이 강조되고 있다. 나만의 안전한 이동수단이 중요하고, 사람과의 접촉이 적은 안전한 운동이 각광받고 있다. 데이트 코스로도 유행하고 있다. 자연스럽게 자전거 시장은 폭발적으로 성장하고 있다. 약 3~4배 정도 급증했다. 이러한 시장의 흐름에 맞춰 자전거 공유 모델이 성공적으로 안착한 상황이다.

모빌리티 공유 모델과 미래 모빌리티

🎙 앞서 우버의 얘기를 살짝 했다. 우버, 리프트 등 모빌리티 공유업체의 약진이 미래 모빌리티에 어떤 의미를 갖는가?

우선 카 쉐어링, 라이드 쉐어링 같은 직접적인 모빌리티 공유모델도 각광받고 있다. 지금 젊은 세대는 차에 대한 소유 욕구보다는 차를 일종의 이동수단으로만 생각한다. 굳이 비싼 돈을 들여 소유할 필요가 없다고 생각한다. 물론 모빌리티 공유 모델의 끝은 이런 단순한 쉐어링에 있지 않다.

미래 모빌리티는 여러 가지 비전을 가지고 있다. 전기차, 수소차와 같은 친환경차와 자율주행이 가능한 자율주행차 등이 있다. 이러한 것들을 뭉쳐 자동차 애프터마켓으로 활용하는 시장이 공유경제다. 차량에서 다양한 서비스를 제공할 것이다. 자율주행의 발전은 물류의 혁신을 일으킬 것이고, 무인화된 여러 산업이 다양하게 혼합될 것이다.

우버나 그랩 등 관련 기업들은 모두 조금씩 영역을 넓혀가고 있다. 다른 분야의 기업과 협약을 맺어 분야를 늘리기도 하고, 직접적으로 금융이나 무역의 분야로 발을 넓히기도 한다. 시장 방향성은 무한하다. 이런 기대감이 반영된 이유인지 어지간한 자동차 제작사보다 기업의 가치가 더 높다. 미래의 공유는 단순히 여러 명이 같이 타고 옮겨 타는 개념이 아니다. 미래에는 노하우조차도 공유가 되는 시장이 형성될 것이다.

퍼스트 마일 모빌리티, 라스트 마일 모빌리티 같은 모델도 등장하고 있다. 집에서 외출할 때 자동차까지 가는 모빌리티를 퍼스트 마일 모빌리티라 하고, 주차장에서 목적지까지 이동하는 수단을 라스트 마일 모빌리티라고 한다. 앞으로 OECD 선진국 시장에서는 이런 공유 모델 확산이 당연한 하나의 흐름이 될 것이다.

이렇게 주목받고 있는 시장 자체가 해외 기업에 먹힐 위기에 있다. 지금이라도 골목상권을 지킨다는 생각으로 스타트업에 대한 규제를 풀고 글로벌 경쟁력을 갖추기 위해 지원을 아끼지 말아야 한다.

우버, 리프트, 디디추싱

🎙 투자의 영역으로 가보자. 이러한 다양한 모빌리티와 공유경제 플랫폼 변화가 증시에 다양한 종목을 만들고 있다. 미국의 우버나 리프트, 중국의 디디추싱의 성장이 무섭다. 이런 시장에만 투자하는 ETF 종목이 전 세계에 상장되어 있을 정도다. 여러 기업의 경쟁력을 어떻게 보는가?

디디추싱의 경우를 먼저 이야기해보겠다. 중국의 우버라고 불리는 디디추싱은 다양한 모델을 출시하고 전 세계로 진출하고 있다. 특히 우버와의 경쟁이 매우 치열하다. 브라질, 멕시코, 일본, 호주 등 우버가 이미 진출한 여러 나라에서 후발주자 디디추싱이 들어오면서 경쟁을 펼치고 있다.

리프트도 활발하게 영역을 넓히고 있다. 미국과 유럽 시장에서 우버와 리프트의 시장 점유율은 각 60~70퍼센트 대 20퍼센트 정도다. 리프트가 결코 작은 기업이 아닌데 그만큼 우버가 거대한 기업이라는 말이다. 그래서 리프트는 우버와의 경쟁에서 우위를 점하기 위해 다양한 모델을 특화시키고 있다.

물론 우버를 포함해 모빌리티 공유 모델들이 겪는 어려움도 있다. 성폭행이나 욕설, 폭행, 인종 차별 같은 다양한 문제점이 산재해 있다. 이 부분은 공유경제 기업들이 해결해야 하는 숙제이긴 하다.

이러한 글로벌 기업이 등장하다보니 시장에서는 다양한 합작과 합종연횡이 빈번하게 일어나고 있다. 한 나라에 국한되지 않고 영향력을 세계로 뻗치고 있는 지금 각 나라에 맞는 현지화 전략이 매우 중요하다. 우버가 국내 시장에서 실패한 근간에는 강한 규제만 있는 것은 아니다. 그 나라에 문화를 이해하고 산업과 정치를 이해해야 한다. 다양한 분야의 기업들이 손을 잡고 각 나라에 맞는 다양한 제도와 모델이 쏟아져 나오고 있다.

🎙 우버와 리프트의 차트를 보면 상황이 조금 보인다. 코로나19가 창궐한 후 리프트의 경우 상장 후에 주가가 조금 밀렸다. 우버도 마찬가지다. 코로나19로 인해 공유경제에 타격이 있다. 이런 상황에서 미래 전망을 어떻게 보는가?

미래 전망이 굉장히 밝다고 본다. 코로나로 인해서 약간 주춤한 부분은 분명 있다. 나만의 안전한 이동수단이 필요한데 여러 사람이 같이 사용하는 공유 모델은 조금 찜찜하기 때문이다. 하지만 다양한 부분으로 발전하고 있다.

우리나라는 코로나19를 어느 정도 제어하면서 경제를 봉쇄하지는 않고 있다. 하지만 미국이나 유럽은 봉쇄조치로 이동을 못 한다. 이동을 못 하게 되니 자연스럽게 택배 문화가 활성화된다. 물류 분야에서 모빌리티 공유 모델이 광범위하게 퍼지고 있다.

투자를 할 때는 더 면밀하게 분석해야 한다. 현재는 예전에 비해 해외에 투자하는 것이 편리해졌다. 가까운 예로 니콜라는 주가가 폭락하고 회장도 사퇴했다. 그전까지 국내에서 니콜라에 투자한 금액이 8천억 원이 넘는다고 한다. 아직도 1천억 원에 가까운 금액이 남아 있다고 한다. 미련을 버리지 못한 것이다.

비즈니스 모델 자체가 망한 케이스도 있다. 자전거 모델이 대부분 나라에서 성공한 와중에, 중국에서 가장 대표적인 자전거 공유 모델인 모바이크는 완전하게 망했다.

모빌리티 공유 모델에서 아이디어나 이용자는 많이 모았지만 비즈니스 모델을 잘못 세운 경우가 많다. 관리 비용을 고려하지 않았다. 수익에 대비해 지출이 굉장히 많다. 실패에 따른 문제점은 기업이 망하는 것 하나만이 아니다. 베이징 모바이크 같은 큰 공유경제 기업이 망하면 폐기되어 쌓이는 자전거의 숫자가 수천 대가 넘는다. 수거도 안 되고 처리도 어렵다. 이런 상황이 중국에만 벌어지고 있는 것은 아니다. 미국이나 유럽의 국가들도 버려진 자전거로 인해 다양한 사회적 이슈를 낳고 있다. 이렇듯 단순히 한 면만을 보지 말고 다양한 관점에서 성장가능성과 투자가능성을 살펴야 한다.

🎙 주가에서도 비슷한 느낌을 받는다. 최근 우버 차트를 봤을 때는 종전과는 조금 다른 흐름이 있다. 상황을 길게 보고 3~6개월 정도 정액 적립식으로 매집하면 승산이 있다고 분석하고 있다. 다양한 모빌리티 공유경제 기업들을 장기적으로 확인하길 바란다.

바퀴 달린 것에 투자하라

66 ─────────────────────────────

미래 모빌리티는 여러 가지 비전을 가지고
있다. 전기차, 수소차와 같은 친환경차와
자율주행이 가능한 자율주행차 등이 있다.
이러한 것들을 뭉쳐 자동차 애프터마켓으로
활용하는 시장이 공유경제다. 차량에서
다양한 서비스를 제공할 것이다. 자율주행의
발전은 물류의 혁신을 일으킬 것이고,
무인화된 여러 산업이 다양하게 혼합될
것이다.

───────────────────────────── 99

LG전자와
애플의 전기차 진출

LG전자와 마그나

🎙️ LG전자가 다시 전기차에 손을 댄다는 이야기가 있다.

그렇다. LG전자를 유심히 봐야 한다. LG전자의 차량사업부는 9년 전에 처음으로 출범했다. 아시다시피 기존 자동차 분야의 글로벌 시장은 상당히 배타적이다. LG전자는 이미 모터나 인버터 같은 전기차의 핵심 부품들을 많이 생산하고 있지만, 자동차 분야로 인정을 안 해줬다. 그래서 이번에 세계 3위의 부품업체 마그나와 손잡고 올해 7월에 인천에 LG 마그나 E파워트레인이라는 합작 기업을 설립할 예정이다.

LG전자가 마그나와 손잡고 본격적으로 전기차 파워트레인 쪽으로 진출한다는 것은 중요한 의미를 가지고 있다. LG전자는 이미 대량 생산체제를 갖추고 있다. 게다가 9년간 전기차 부품을 만들며 쌓아온 노하우가 상당하다. 그리고 마그나는 전 세계 300군데 이상의 지사를 가진 큰 기업이다. 마그나의 네트워크와 LG전자의 대량생산이 만들어내는 시너지가 어마어마할 것이다. 단순히 파워트레인만 공급할 것이라 생각하지 말고 크게 볼 필요가 있다.

전기차라는 게 고성능 전기차도 있지만, 초소형차인 마이크로 모빌리티, 퍼스널 모빌리티 등 분야가 넓다. 그렇기 때문에 영역파괴가 일어날 것이다. 대기업이 기술력이 강한 스타트업을 눈에 불을 켜고 찾아다니고 있다. 약육강식이 본격화되고 있다. LG전자와 마그나의 합작은 이를 준비하는 것이다. 일련의 행동들은 앞으로 LG전자가 전기차 분야를 선도하겠다는 선포로 보면 된다. 최근의 LG의 스마트폰 정리 움직임은 더욱 전기차에 대한 가속도를 높이는 계기가 될 것이다.

🎙 애플이 마그나와 관련이 깊단 이야기도 들려온다. 그럼 LG전자와 애플도 깊게 엮이는 게 아닌가?

가능성이 충분하다. 애플카는 하청으로 줄 가능성이 높다. 아이폰처럼 말이다. 애플은 아이폰을 직접 제조하지 않는다. 까다롭게 관련 제조업체들을 선별하고 일련의 공정들을 맡긴다. 지금까지의 행보를 보면 애플카도 비슷한 흐름으로 갈 것이다. 그렇다면 어딘가와 협의를 통해서 시너지를 내야 하는데, 그 대상 중 하나가 마그나다.

자연스럽게 LG전자와 애플이 연관된 가능성을 예상하는 사람들이 많다. 모든 공정을 전부 전담하지는 않을 수 있다. 하지만 적어도 몇 가지 부품은 담당할 가능성이 제법 크다. 최근 애플의 현대차그룹과의 협의 요청은 시사하는 바가 크다. 기아가 그 역할을 담당한다는 언급도 꽤나 의미 있는 움직임이라 할 수 있다.

🎙 이러한 기대감이 주가에도 녹아든 것 같다. 실제로 관련 발표가 나오고 LG전자의 주가가 급등한 적이 있다. 그럼 국내 전자 기업 중에 최고봉인 삼성전자도 전기차에 진출할 가능성이 있을까?

삼성전자도 결국 진출하게 될 것이다. 글로벌 전기차 시장이 연간 1,500만~2,000만 대로 확대되면 부품만 공급할 수는 없다. 전기차가 고성능 전기차만 있는 게 아니다. 초소형차인 마이크로 모빌리티도 있고, 전동 킥보드 같은 퍼스널 모빌리티 등등도 있다. 이러한 영역들이 점점 합쳐지고 있다.

기존에 삼성은 스마트폰이라는 글로벌 대기업들의 전쟁에 참여한 적이 있다. 관련해서 큰 성과를 얻기도 했다. 이제 스마트폰 시장은 포화상태에 다가가고 있다. 삼성도 새로운 시장을 개척해야 한다는 말이다. 이런 상황에서 삼성이 전기차 분야에 진출하지 않을 리가 없다. 종국에는 삼성전자도 자신들만의 모빌리티 모델을 발표할 가능성이 매우 크다.

애플카, 2024년 출시?

🎙 그렇다면 말이 나온 김에 애플카에 대해서 이야기해보자. 애플이 2024년에 전기차 애플카를 출시하겠다고 했다.

전고체 배터리를 설계하고 모듈 형태의 하청을 통한 전기차로 예상된다. 애플의 발표는 여러가지 측면에서 중요한 시사점이 많다. 지난 2014년 시작된 애플 프로젝트 '타이탄'의 실질적 모습이 등장한다고 할 수 있을 것이기 때문이다. 내가 예전부터 특강 등을 통해서 지난 10년 전 자율차의 대명사이던 '구글카'와 같은 '애플카' 또는 아이폰과 유사한 '아이카'라고 언급한 적이 있다.

애플의 발표 내용이 아직은 시기상조라고 언급하는 얘기도 있다. 그도 그럴 것이 테슬라의 경우에는 그간 13년 동안 적자 상태였다. 2019년에야 흑자를 기록하기 시작했고. 그러나 테슬라는 스타트업으로 시작해 자동차 제작사도 아닌데 차를 만드는 데 성공했다. 테슬라의 선례로 자동차 제작사가 아닌 애플이 못 만들 것이라는 의견은 나오지 않고 있다. 실제로 애플카를 만들겠다고 선언하자마자 테슬라 주가가 뚝 떨어졌다. 강력한 글로벌 경쟁사의 등장에 모두가 신경을 곤두세웠다. 기저에는 흑자 모델로서의 전기차가 본격적으로 등장하는 시기라는 흐름이 있다. 이제는 본격적으로 비즈니스 모델로서 등장할 시기라는 것이다.

애플은 전 세계가 사용하고 있는 스마트폰의 시조이다. 현재의 스마트폰이 인류의 생활사에서 가장 폭발적인 변화를 이끌어낸 인류 최고의 혁신적인 제품이라고 언급하는 만큼 이제는 다음 세계로 이끌 모델이 바로 모빌리티의 혁명인 '자율주행 전기차'라고 할 수 있다. 이번 발표는 이런 신세계를 여는 두 번째 혁신의 세상이 열린다는 것을 알린 발표이다.

이번 발표로 기존 글로벌 제작사만 자동차를 만드는 시대는 끝났다. '움직이는 가전제품', '움직이는 생활공간', '바퀴 달린 스마트폰' 개념으로 확장돼 다양한 기업에서도 자동차를 제작할 수 있는 시대가 됐다. 애플의 전기차 발표는 갑작스러운 이야기는 아니다. 몇 년 전부터 애플은 타이탄 프로젝트라는 이름으로 자율주행 사업부를 운영하고 있었다. 이게 5~6년 지나 빛을 보아서 이번에 발표한 것이다.

이제 이런 모델을 아이폰처럼 하청을 주거나 직접 자동차 제작사 공장을 인수해서 만들어야 하는데, 전자가 될 가능성이 크다. 왜냐하면 현재 전기차 부품 공급 업체는 많기 때문이다. 애플은 시스템만 만들어주면 된다.

🎙 그렇다면 애플이 전기차에 손을 대기로 했고, 협력업체들을 선정해 가고 있을 것인데, 우리나라에도 전기차 부품 업체들이 상당히 많지 않은가?

그렇다. 우리나라 부품업체에는 상당한 호재다. 이미 테슬라가 성공적으로 안착하면서 테슬라에 부품을 제공하는 업체들이 주가가 올라가고 있는 것을 알 것이다. 애플카가 등장한다는 것은 테슬라보다 더 강력한 모델이 등장한다는 뜻이다. 물론 2024년에 나온다 하더라도 한동안 적자 모델일 것이다. 그러나 애플은 단순히 차만 운영하는 회사가 아니다. 애플카에 각종 비즈니스 모델이 합쳐지면서 엄청난 부가가치를 창출할 것이다.

우리나라에는 이런 애플을 뒷받침할 각종 부품사들이 많다. 또 전기차가 단순히 몇 개의 부품만 들어가는 게 아니다. 부품 수가 15,000개 내외인데 여기에 국내 업체가 반드시 몇 군데는 선정될 것이다. 삼성전자의 반도체 소자가 될 수도 있고, 아까 말한 LG와 마그나의 합작회사도 그런 역할을 할 수 있을 것이다. 아마 부품 업종에 대한 흐름이 상당히 부상할 것이라 생각한다.

🎤 그렇다면 애플카에서 다른 눈여겨보는 점이 있나?

애플의 전기차 업계 진출은 세계를 향한 선언이라 보면 된다. 거듭 말하거니와, 애플은 단순히 차만 만드는 회사가 아니다. 우리가 흔히 세계를 주도하는 소프트웨어 회사를 언급할 때 가장 먼저 나오는 회사가 애플이다. 애플은 그중에서도 인공지능 AI를 많이 강조했다.

애플카의 목적은 자율주행 전기차다. 결국은 2024년에 나오는 애플카에 자기들이 가지고 있는 인공지능부터 다양한 시스템을 차에 집어넣겠다는 의미다. 어떻게 보면 바퀴 달린 아이폰을 만들 겠다는 뜻이다. 각종 비즈니스 모델들을 극대화하는 종합 모델이 나올 가능성이 크기 때문에 다른 전기차보다 돈벌이가 된다고 보면 된다.

미래의 모빌리티는 단순한 하드웨어가 아니라 이를 움직이고 주도하는 알고리즘의 지배가 클 것이 예상되고 있다. 애플은 이러한 점에서 가장 선두 주자이기 때문이다. 아직은 누가 미래 모빌리티를 주도할지 주인공은 미완의 대기라 할 수 있다.

기존 글로벌 자동차 제작사도 될 수 있으나 자동차용 주문형 반도체 설계 기업이 될 수도 있고 앞서 언급한 알고리즘 기업이 모두 가져갈 수도 있을 것이다. 애플의 전기차 출시 예상은 그래서 앞으로 더욱 거센 파장을 몰고 올 것이다. 그 파장의 끝을 누가 받고 가져갈 것인지 고민해야 하는 시기라 할 수 있다. 그 대상이 우선 현대차그룹의 기아가 담당할 가능성도 크다고 할 수 있다.

상상하기 힘든 비즈니스 모델들이 쏟아질 것이다. 오토 파킹 같은 옵션은 당연하다. 지금까지 우리가 스마트폰을 이용해서 했던 모든 일이 가능해질 것이다. 예를 들어 외식할 때, 마음에 맞는 식당을 식당을 예약해주고 안내해주고, 운전할 필요 없이 목적지에 데려다 주는 것은 물론 집까지 바래다주는 모든 과정을 자율 주행차가 해줄 것이다. 우리는 그냥 가서 먹기만 하면 된다. 애플은 우리가 애플카에 있는 동안 다양한 서비스를 제공할 것이다. 취향을 미리 빅데이터화 해서 브랜드를 추천해주고, 음식을 추천해 줄 것이다. 예상되는 매출 자체가 일반 자동차 기업이랑 차원이 다르다.

애플카, 기아와 손잡게 될까?

🎤 현대차를 향한 애플카의 주문제작 협의 요청은 그 파급력이 셌다. 또한 최근에는 위탁 생산의 대상으로 기아차가 주목받고 있다. 현대차 입장에서는 위탁생산이 브랜드 이미지에 영향을 받을 수 있다는 고민은 있고 그렇다고 애플이라는 글로벌 기업의 좋은 상생관계를 거절할 수도 없는 상황에서 가장 적절한 대상으로 기아가 부각되었다고 할 수 있다.

마침 기아가 목적기반 자동차인 PBV를 생각하고 있어서 더욱 최적의 대상이 되고 있다고 하겠다. 애플카는 아이폰 생산과 같이 분명히 위탁 방식으로 생산될 가능성이 가장 큰 상황이다. 그러나 이를 위탁받을 수 있는 기업은 전 세계에 공장이 있어서 대량 생산

바퀴 달린 것에 투자하라

이 가능하고 자율주행 전기차를 목적으로 하는 만큼 이를 받아들일 수 있는 기술적인 수준이 최상위이어야 하며, 전기차 전용 플랫폼이 구성돼 있어야 한다. 그래야만 완성도가 극도로 높은 전기차를 생산할 수 있기 때문이다.

완성차 경험을 가지면서도 안전도 등 문제점을 극복할 수 있는 글로벌 제작사가 애플카를 위탁생산하기에 가장 안성맞춤이라 할 수 있다. 그러나 이러한 요구를 수용할 수 있는 글로벌 제작사는 한계가 있다. 위탁생산으로 브랜드 이미지를 고려하고 독자적인 애플의 고유 운영 프로그램을 반영한 애플카 출시는 자사 브랜드 이미지 등 여러 면에서 위험요소를 안고 있기 때문이다.

이러한 요소를 생각하면 기아가 여러 측면에서 가장 최적 조건을 갖췄다. 기아는 현대차와 공유할 정도로 기술적 노하우도 매우 좋고 역시 전 세계에 공장이 있다. 글로벌 수준 최적 요소를 고루고루 갖추고 있다. 앞서 언급한 목적기반 자동차를 생산하기에 적당한 인프라를 갖추고 있다. 즉, 애플과 최적의 그림을 만들 수 있다는 뜻이다. 앞으로의 향방이 기대되는 이유다.

미래 글로벌 자동차 제작사는 다양한 변화가 예상된다. 기존 생태계가 크게 변하면서 슈퍼 갑의 자동차 생산체가 아니라 주문형 생산자가 크게 등장하여 시장 판도가 크게 변모할 것으로 예상된다. 자동차 업계에서 파운드리라는 전문 위탁 생산업체도 크게 부각된다는 뜻이다.

'파운드리'는 반도체를 전문적으로 대량 위탁생산 해주는 방식을 뜻한다. 이런 파운드리가 미래 모빌리티에도 불어 닥친다는 뜻이다. 누가 먼저 주도권을 쥐느냐에 따라서 미래 모빌리티의 큰 키의 주인이 바뀐다. 기아의 애플카 위탁생산 기대는 그래서 더욱 중요한 요소라 할 수 있다. 애플카가 위탁생산되어 본격 시작된다면 구글카, 아마존카는 물론 LG카, 삼성카도 기아가 생산할 수 있기 때문이다. 주도권을 쥐면서 누구나 할 수 있는 영역도 아니어서 선점에 대한 의미가 크다. 그리고 미래 모빌리티에 대한 위탁생산의 시작점을 알리는 일이다.

기아 입장에서는 아주 좋은 기회다. 현대차의 E-GMP라는 전기차 전용 플랫폼을 기반으로 덮개만 다르게 하면 다양한 모델이 주문에 맞추어 생산이 가능해지고 전문적인 흑자 모델로서 자리매김할 수 있기 때문이다. 이러한 미래 모빌리티에 대한 파운드리 주도권을 우리 기업이 우선적으로 가져오길 바란다. 그리고 미래에 닥쳐올 대변혁에 대비하기 바란다.

동시에 미래 모빌리티에 대한 전문 위탁생산 산업계의 변화에 맞추어 미리 준비해야 할 과제도 그만큼 많다는 뜻이기도 하다. 향후 5~10년 사이의 변화가 더욱 크게 기대된다고 할 수 있다.

배터리 회사도 전기차 만드는 시대

🎙️ 다른 기업에서도 비슷한 비즈니스 모델이 나올까?

미래에는 배터리 회사도 전기차를 만들 수 있다. 또 글로벌 자동차 제작사가 배터리 회사들을 보유할 것이다. 그러면 LG나 삼성이 가만히 보고만 있겠는가? 절대 아니다. 영역 구분이 파괴되고 네 것, 내 것 구분이 없는 약육강식의 시대로 접어들 것이다.

애플은 자동차 제작사가 아니다. 그런데 애플이 애플카를 공식적으로 선언함으로써 다른 기업들도 자신감을 갖기 시작했다. 이제 완성차 시장은 약 130년의 역사를 가진 글로벌 자동차 제작사만의 시장이 아니다. 앞으로는 긍정적인 시너지를 내는 기업끼리 다양한 컨소시엄을 구성할 것이다. 다양한 합종연횡, 인수합병, 공동개발, 합작법인 같은 소식들이 계속 쏟아질 것이다. 시각을 넓게 가져야 한다. 큰 그림을 가지고 접근하는 혜안을 가져야 한다.

🎙 아마존도 애플처럼 자율주행차를 준비한다고 알고 있다. 아마존의 전자상거래 시장과 연결해 자율주행차를 이용한 택배 배송이 가능하다고 보는가?

충분히 가능하다고 본다. 미래를 배경으로 하는 영화에서 많이 보는 무인으로 드론이 물건을 배달하는 그림이 현실에서 펼쳐질 것이다. 물류 혁명이라고 볼 수 있다. 자율주행차가 나오면 가장 큰 타격을 받을 수 있는 분야가 물류라는 얘기도 나올 정도다.

결국에는 물건을 주문하면 10분 이내에 배송이 가능한 시대가 온다. 사람이 개입하지 않다 보니 비용도 최소화하고, 시간도 절약할 수 있다. 자율주행에서 제일 먼저 적용하는 것이 자율주행 전용 도로를 만들고 군집 운행하는 것이다. 트레일러 수십 대가 붙어서 달리는데 사람이 굳이 물건을 옮길 이유가 있을까.

🎙 이런 상상들이 애플이 전기차 진출을 발표한 후로 빠른 속도로 진화할 것 같다.

그렇다. 애플의 발표를 단순히 선언적 의미로 생각하지 말고 '아. 드디어 전쟁이 시작되었구나'라는 일종의 선전포고라고 생각하자. 최근 테슬라가 벤츠를 인수한다는 얘기도 있었다. 허황된 이야기는 아니다. 예전에는 생각도 못했지만, 지금은 글로벌 탑5에 들어가는 자동차 제작사의 시가총액을 다 합쳐야 테슬라 시가총액이 되는 상황이다.

올해부터 2025년까지가 모빌리티 시장에 있어서 가장 큰 변화가 있는 시대가 될 것이다. 합종연횡의 시기다. 기존 자동차 제작사가 미래에 대해 능동적으로 대처하지 못하면 아무리 첨단기업이라도 미래가치는 떨어질 수밖에 없다. 주식투자자라면 기업이 변화에 능동적으로 대처하고 있는지 유심히 지켜봐야 한다.

기존 내연기관차는 약 3만 개의 부품이 유기적으로 움직이는 만큼 전용 플랫폼을 통하여 제조하는 관계로 제작사가 아니면 아무나 접근할 수 없는 품목이었다. 그러나 전기차는 완전히 다른 제품이다. 부품 수가 과반 정도이고 모듈 개념으로 진행하면 누구나 접근이 쉬운 제품이다.

애플은 공장이 있는 것도 아니고 플랫폼을 가지고 있는 것도 아니다. 이미 세계적인 아이폰 역시 핵심 노하우만으로 외주제작하는 제품이다. 그런 만큼 전기차도 이와 같은 접근이 용이하다는 것을 의미한다. 물론 전기차도 매우 복잡한 제품인 만큼 핵심 플랫폼을 조성하고 이를 하청 주는 방법도 있을 것이다. 또 핵심 부품과 모듈을 구성하여 직접 인수한 공장에서 만들 수도 있다. 상황이 조성되면 전기차 및 자율주행 기능의 부품이나 모듈을 제공하는 전문 부품사 등장도 많아질 것으로 보인다.

🎙 기존 자동차 제작사들도 미래에 능동적으로 대처하지 못하면 한순간에 낭떠러지로 떨어질 수 있을 것 같다.

그렇다. 그래서 국내에서도 이러한 움직임이 활발하게 일어나고 있다. 현대차는 보스턴 다이내믹스 인수부터 시작해서 UAM같은 항공 모빌리티의 큰 그림을 그리고 있다. 올해 중반에 나오는 전기차 전용 플랫폼의 아이오닉5 같은 모델은 이미 전기차 부분에서 세계 최고 모델이다. BMW나 벤츠를 훨씬 더 앞서가고 있다.

그러니 국내 글로벌 제작사라고 테슬라 같은 기업이 되지 못하라는 법은 없다. 얼마만큼 빨리 변신해서 새로운 옷으로 갈아입느냐, 또 새로운 모빌리티에 대한 비즈니스 모델을 구현하느냐, 이런 것들이 중요하다. 그런 의미에서 우리나라 모빌리티 시장은 굉장히 긍정적으로 평가하고 있다.

바퀴 달린 것에 투자하라

'파운드리'는 반도체를 전문적으로 대량 위탁생산 해주는 방식을 뜻한다. 이런 파운드리가 미래 모빌리티에도 불어 닥친다는 뜻이다. 누가 먼저 주도권을 쥐느냐에 따라서 미래 모빌리티의 큰 키의 주인이 바뀐다. 기아의 애플카 위탁생산 기대는 그래서 더욱 중요한 요소라 할 수 있다. 애플카가 위탁생산되어 본격 시작된다면 구글카, 아마존카는 물론 LG카, 삼성카도 기아가 생산할 수 있기 때문이다. 주도권을 쥐면서 누구나 할 수 있는 영역도 아니어서 선점에 대한 의미가 크다. 그리고 미래 모빌리티에 대한 위탁생산의 시작점을 알리는 일이다.

현대차, LG전자, 현대글로비스 주가 분석

차트로 보는 현대차 주가

🎙 좀 특별한 시간을 가져보자. 그동안 모빌리티 섹터에서 언급한 내용을 정리해보고, 기술적 분석 차트를 보도록 하자. 먼저 현대차의 차트를 보자. 간단히 설명해주겠는가? (2021년 1월 1일 방송)

일단 현대차는 정의선 회장 체제가 되면서 순혈주의를 버리고 혼혈주의를 택했다. 즉, 적과의 동침, 합종연횡이 많아졌다. 이는 굉장히 긍정적인 방향이다. 현대차 같은 경우 보스턴 다이내믹스 인수부터 시작해서 각종 공유업체에 투자와 합병을 굉장히 활성화하고 있다. 미래에 강점을 가진 기업들끼리 모여 새로운 시너지를 내는 것이 최근의 흐름인데, 글로벌 자동차 제작사 중에서 현대차가 가장 활발하게 하고 있다. 패스트 팔로워가 아닌 퍼스트 무버의 움직임을 보이고 있다. 이러한 움직임이 주가에 반영되고 있다.

🎙 현대차가 주가가 갑자기 급락한 시기가 있었다. 2013년도 고점을 형성했다가 큰 삼성의 부지를 매입해 증시가 빠르게 이탈했었다. 잘못된 투자가 아니냐는 실망 매물이 많이 나왔었다. 주가가 그 시점부터 몇 년 동안 지지부진했다.

그것에 대해 지금도 말이 많다. 부지를 10조 원이 넘는 가격에 구매했다. 원래 가치보다 2.5배 높게 책정됐다는 얘기도 있었다. 최고 높이 120층 정도의 건물을 지으려 했는데 최근 정의선 회장이 취임하면서 75층 건물 두 개로 계획을 변경하는 등 고민을 많이 하고 있다. 여기서 절약되는 금액이 약 4~5조 원 정도 되는데, 이 돈을 기업의 미래가치를 위해 투자하겠다고 하면서 지금은 분위기가 굉장히 긍정적이다.

작년 현대차그룹을 네 글자로 '승승장구'라고 표현하고 싶다. 국내 내수시장이 OECD 국가에서 유일하게 작년 대비 6퍼센트 대를 기록했다. 그 견인차 역할을 현대차가 했다고 볼 수 있다. 물론 수출 같은 경우 코로나19로 인해 약간 주춤한 경향이 있다. 그러나 그런 가운데서도 어느 정도 선전했다고 보고 있다.

지금 정의선 회장 체제가 되면서 현대차그룹은 내부적인 혁신이 가속화되고 있다. 아직 취임 1년 차이기 때문에 5년 정도는 이런 혁신이 계속될 것이라 보고 있다. 말로만 하는 혁신이 아니라 아예 기존 체제와는 다른 모습이라 생각한다. 기업의 총수의 역할이 절대적인 부분을 차지하는 대한민국에서 무엇보다 긍정적인 신호다.

출시하는 제품에도 이런 청신호가 켜지고 있다. 예전에는 제네시스가 BMW와 견줄만하다고 하면 주변에서 코웃음을 쳤다. 하지만 지금은 벤츠, BMW보다 가성비가 좋다며 옮겨 타는 사람들이 많아지고 있다. 다시 말하면 현대의 자동차를 평가할 때 수준 자체가 글로벌 수준으로 올라섰다는 이야기다.

🎙 그러한 신호가 주가에도 반영되고 있다. 차트를 이용해서 투심을 읽는다고 봤을 때, 그 전에는 확실히 주주들의 실망이 많이 담겨 있었다. 지금은 현대차가 기존과는 다른 색깔로 새로운 산업 구조를 창출하고 있다는 모멘텀이 차트에 담기고 있다. 이번 코로나를 마주하면서 6만 원까지 내려갔던 주가가 지금 4배가 넘게 뛰고 있다.

▶ 현대차 월봉 차트

🎙 차트를 보면서 앞으로 현대차의 주가가 어떤 그림으로 갈지 기술적으로 분석해보겠다. 현대차의 전고점이 27만 원인데 지금 주가가 25만 원을 넘기고 있다. 앞으로의 흐름을 추세선으로 보면 2013년부터 2020년 초까지 현대차는 암흑의 길로 가고 있었다. 그러다가 2020년 상반기에 기대감이 터지면서 현대차는 앞으로 추세선의 끝자락인 30만 원까지 상승할 여력이 있다고 본다.

단순히 1~2년이 아니라 중장기적으로 봤을 때는 더 긍정적으로 보고 있다. 앞서 언급한 투자가 몇 년 이내에 열매를 맺는 부분이 나올 것이다. 현대차는 지금 퍼스트 무버다. 퍼스트 무버가 결실을 맺으면 시너지는 크게 난다. 수소전기차는 이미 세계 최고 수준이다. 무공해차 분야에서 큰 장점을 가지고 있다.

아직 자율주행차가 3년 정도 기술이 뒤져 있는 점이 아쉽기는 하다. 하지만 이런 기술을 따라가기 위한 기반을 구성하기 시작했다는 점을 높게 평가한다. 보스턴 다이내믹스 인수는 특수 지형이나 재난 구조와 같은 특수한 목적의 자율주행차를 만드는 기반이 된다. 미래 UAM 모델도 있다.

🎙 이번에는 중장기적인 큰 흐름이 아니라 현재 위치의 흐름을 분석해보자. 2008년 저점과 2013년 고점을 보면 가운데 선이 있다. 가운데 선이 현재의 위치와 같은 모습이다. 그것은 현대차가 잠깐 쉬어갈 수 있는 구간으로 들어섰다고 본다. 자연스럽게 다시 올라가는 흐름이 만들어질 가능성이 높다. 지금까지 비전이 어느 정도 주가에 일부 반영이 되어 이러한 흐름이 만들어졌다고 볼 수 있다.

현대차와 애플 전기차 협력할까

🎙 애플이 현대차와 손잡고 전기차, 일명 '애플카' 출시를 위해 협상 중이라고 보도했다. 이후 애플과 현대차 협력설에 유가증권시장에서 현대차와 기아차, 현대모비스 등 주가가 급등했다. 현대자

동차가 애플과의 전기차 협력설에 대해 "초기 단계이며 결정된 바 없다"는 입장을 내놨다. 업계에서는 현대차가 미래 모빌리티 기업으로 전환하는 시점에서 애플의 선택을 받을 가능성은 충분하다고 본다. 특히 그 역할을 기아차가 할 것이라는 언급은 더욱 가능성을 높이고 있다.

애플은 테슬라가 두려워 할 정도의 회사이며 현대차 입장에서 애플과 협력할 수 있다면 최고의 시너지 효과를 낼 수 있을 것이다. 협력 가능성은 충분히 있다. 애플은 스마트폰을 만들어 혁신을 이끌었다. 그다음이 모빌리티다. 애플 입장에서도 글로벌 자동차사 중 선진 업체와 시너지 효과를 낼 수 있는 업체를 찾을 것이다.

애플은 스마트폰을 설계해 외부 업체에 제작을 맡기며 성장했다. 설계와 비즈니스만 직접하고, 제작은 전문 업체에 외주를 주는 방식이다. 애플이 모빌리티 산업을 본격화할 경우, 이런 형태를 보일 것이다. 만약 기아차가 애플카를 만든다면 기아차는 전기차 제작을 담당하고 자율주행을 위해서는 애플사의 기술이 들어갈 것으로 예상된다. 결국 제작은 기아차가 전기차를 제공하고 비즈니스는 애플이 할 것이다.

🎙 현대차·기아차는 지난해 1월부터 10월까지 전 세계에 전기차

13만 대를 판매해 4위를 기록했다. 1위 테슬라, 2위 폭스바겐에 이어 3위 르노닛산미쓰비시를 바짝 추격하고 있다. 3위와의 차이는 1만8천 대 수준으로, 올해 역전이 가능할 것으로 예상된다.

현대차그룹의 사업 구조상 상호 시너지 효과를 낼 수 있기 때문에 전기차에 그룹 미래가 달려 있다고 해도 과언이 아니다. 전기차는 향후 자율주행차, 재난구조용 특수차, 인공지능 로봇 택시, 무인 항공기 등 현대차그룹이 미래 사업을 추진할 수 있는 척도가 될 것이다.

차트로 보는 LG전자 주가

🎙 LG전자에 대해서는 어떻게 보는가?

사실 지금까지 LG전자는 가전제품 제조사라는 이미지가 컸다. 하지만 LG전자는 9년 전부터 차량사업부를 출범하고 미래의 모빌리티에 투자하고 있었다. 그것이 이제 가시적인 효과로 나타나기 시작했다. LG의 자회사 LG에너지솔루션은 세계 1위의 리튬·이온 배터리 회사다. LG전자는 본격적으로 가전제품에서 움직이는 가전제품 즉, 모빌리티 시장으로 본격적으로 이동하고 있다.

LG그룹의 구광모 회장의 존재도 시너지를 내고 있다. 구 회장은 워낙 차에 대한 관심이 많고 노하우가 상당히 많다. 현재 LG, 삼성 등 굴지의 그룹 총수들이 모여 미래 산업에 대한 논의를 공유하고 배터리 연합을 맺는 등 긍정적인 그림이 나오고 있다.

LG전자와 마그나의 합작회사도 좋은 신호다. 앞으로 LG전자와 마그나는 파워트레인을 제공하는 것뿐만 아니라 직접 전기차를 만들어 공급할 시기도 올 것이다. 세계 모빌리티 시장에서 큰 영향력을 가질 것이다.

🎤 최근 합병과 합동법인 설립 효과가 주가에도 반영되고 있다. LG그룹에서 5,000억 원을 합동법인에 투자했다. 다음날 LG의 주가가 상한가를 기록하면서 투자금을 전부 회수했다. LG전자 주가가 2020년 3월 41,000원이었는데 지금 135,000원으로 3배에 달하고 있다. LG전자는 2008년 서브프라임 모기지 사태가 터진 후, 전고점 164,000원에서 2016년 37,000원까지 빠졌다. 항간에는 LG전자에 투자하면 망한다는 얘기도 있었다. 2015년도 바닥을 찍고 2018년 고점을 찍고 다시 내려왔다.

▶ LG전자 월봉 차트

🎙 여기서 주의 깊게 볼 것이 있다. 12월에 고점의 추세선도 돌파하면서 LG전자 주가의 새로운 세상이 열렸다. 물론 온전히 모빌리티 만의 흐름이라고 보기는 어렵다. LG전자의 다른 가전의 기대치도 일부 선반영 되었다고 생각한다. 기술적으로 미래를 이야기하자면 지금까지 10~15만 원 사이에서 박스를 형성하고 있었는데, LG의 로고가 박혀 있는 자동차가 출시되는 꿈같은 이야기가 현실이 되면 더 위로 올라가서 박스가 형성되는 구간이 만들어지지 않을까 생각한다.

향후 1~2년 사이 행보가 중요하다고 본다. 시장의 주도권을 쥐고 부품 공급을 핵심적으로 하거나 완성체에 대한 개념으로 다가

갈 수도 있다. 앞으로 애플카처럼 자동차 제작사가 아닌 다른 분야의 글로벌 기업이 전기차를 만드는 그림이 자주 나올 것이다. 어쩌면 올 7월 마그나와의 합작을 기점으로 LG도 그런 생각을 하고 있을 수도 있다고 생각한다.

🎙 LG전자에 지금 막 올라타는 사람은 재미가 없을 수도 있다. 시장의 심리를 나타내는 지표인 추세선을 보았을 때, 2003년도부터 저점의 추세선을 연결해서 2014년도부터 형성된 고점 추세선을 연결하면 비슷한 지점이 만들어진다. 2008년부터 10년간 박스가 하단으로 형성되다가 2020년 12월 흐름이 바뀌었다.

물론 합작회사, 애플의 소식 등 여러 모빌리티 관련 이야기가 있었지만, 이게 전부는 아니다. LG는 고전적인 전자제품의 명가이고, 스마트폰 전쟁에 참여한 기업인 만큼 다른 영향도 분명히 있었다. 최근 LG에서 새로운 스마트폰을 출시하면서 주가에 선 반영된 부분도 있다. 동시에 15분기 연속 적자였던 스마트폰을 정리하고 전기차 부품 등에 올인하려는 움직임이 나타나고 있다. 역시 이 움직임으로 주가는 최고조로 올라가는 현상도 나타나고 있다. 이렇듯 LG전자에 투자하기 위해서는 단순히 모빌리티만 신경을 쓰면 안 되고, 다양한 LG전자의 비전을 함께 보는 것이 좋다.

애프터마켓의 힘, 현대글로비스

🎙 앞에서 분석한 2개의 기업을 보면 여러 가지 정보와 지식으로 퍼지는 긍정적인 전망이 주가에 반영되는 모습을 볼 수 있다. 왜 이러한 흐름이 나오는가 하면, 기업이 그리는 그림을 누군가는 알고 있고, 그 그림이 기관으로 흘러가 투자금이 형성되고 차트가 만들어지기 때문이다. 그래서 차트 분석이 상당히 중요하다. 이 점을 기억하고 다음 기업을 보자.

▶ 현대글로비스 월봉 차트

🎙 현대글로비스다. 현대글로비스의 차트를 길게 보면 2007년 3만 원 하던 주가가 8년 만에 10배 뛰었다. 2007년부터 2014년까지 현대글로비스에 무슨 일이 있었던 것일까?

이때가 현대글로비스의 물류 서비스를 현대차와 기아차 중심으로 공급하면서 최고의 물류 기업으로 떠오르는 시점이었다. 현대차와 기아차가 많은 완성차를 만들어서 공급하면 할수록 글로비스의 역할과 덩치는 커질 수밖에 없다. 그 시기적 흐름과 일치한 지점인 듯하다.

🎙 현대글로비스가 2014년 고점을 찍고 실적이 별로 안 줄었는데 주가가 3분의 1이 되었다. 이 흐름을 보고 뭔가 다른 이유가 있지 않을까 생각했다.

현대차그룹의 승계 작업과 연관이 있다. 현대글로비스 자체가 정몽구, 정의선 부자가 만든 회사다. 지분 구조 자체도 그렇게 되어 있다. 주가가 너무 높으면 주식을 확보하기 힘들다.

🎙 차트 흐름을 더 보면 코로나가 퍼진 후 7만 원이던 주가가 지금 18만 원으로 2배 반 정도 올라갔다. 그런데도 아직 올라갈 데가 많다. 184,000원에서 300,000원이면 아직 70퍼센트 정도 올라갈 자리가 있다. 혹시 현대글로비스의 긍정적인 전망이 있나?

현대글로비스의 중고차 시장 진출이 가장 큰 이유라고 생각한다. 중고차 경매 시장은 B2B 개념이다. 일종의 도매 개념이다. 이런 중고차가 시장에서 연간 370만 대가 거래된다. 약 30조 원의 시장이다. 시장의 성장가능성도 굉장히 높다.

대기업이 중고차 시장에 진출한다는 이야기는 결국 현대차가 중고차 시장에 진출한다는 이야기다. 그렇게 되면 현대글로비스의 역할이 크다. 이미 중고차 시장을 겪은 배테랑들이 포진해 있기 때문에 여러 가지 일을 현대차를 대신해서 진행할 것이다.

현대차는 중고차 시장에 진출하기 위해 새로운 부서를 만들 필요가 없다. 같은 계열사인 현대글로비스가 그 역할을 할 것이고, 최소한 어느 정도 이상은 할 것이다. 그렇게 되면 단순히 물류의 영역을 넘어서 본격적으로 국내 자동차 애프터마켓의 큰 손이 될 것이다.

국내 시장만의 얘기가 아니다. 작년에 중고차 해외 수출량이 46만 대 정도 된다. 다들 대기업이 중고차 시장으로 진출하면 약 100만 대가 수출 가능하다고 얘기한다. 당연히 물류창고는 더 필요할 것이고, 수출을 진행하는 비용도 증가할 것이다. 누가 그 역할을 맡겠는가? 현대글로비스다. 향후 이러한 포인트가 확정되면 더 올라갈 여지가 있다고 기대한다.

🎙 지금은 현대글로비스의 전망을 차트로 분석할 때, 추세선이 명확하게 나오지 않는다. 그런 경우 고점을 확인하고 고점과 저점을 4등분해서 들여다보면 위치가 보인다. 중심 값에 위치할 경우, 어느 정도 시간이 지나고 올라갈 가능성이 크다. 정액 적립식으로 천천히 모으다 보면 어느 순간 올라가 있을 법하다. 인사이트와 분석을 확인하고 유심히 판단하여 투자를 결정해야 할 것이다.

삼성전자
모빌리티 ETF 분석

차트로 보는 삼성전자 주가 분석

🎙 모빌리티 얘기를 하는데 삼성전자와 하이닉스를 언급했다. 왜 삼성전자와 하이닉스 같은 반도체 회사가 등장하는지 궁금해 하는 사람이 있을 수 있다. 관련된 내용을 설명해줄 수 있는가?

모빌리티가 단순히 자동차의 영역을 넘어서고 있다. 미래에는 움직이는 가전제품으로 보는 것이 맞다. 가전제품에서 반도체가 차지하는 영향력이 이제는 모빌리티까지 영역을 넓히고 있다.

약 6년 전에 삼성전자에서 전장사업부가 출범했지만, 지금까지 시장에서 외면받아 왔다. 하지만 3년 전에 삼성전자는 사운드 트랙의 프리미엄 브랜드 하만을 약 10조 원에 인수하면서 상황이 역전됐다. 하만은 '뱅&올룹슨(Bang & Olufsen)'부터 '바우어&윌킨스(Bowers&Wilkins)'까지 다양한 프리미엄 브랜드를 가진 회사다. 사운드 트랙의 브랜드가 10개가 넘는다. 폭스바겐, BMW 등 자동차 제작사 대부분이 하만의 사운드 트랙을 사용하고 있다.

삼성전자의 하만 인수가 중요하다고 말하는 것은 하만이 단순히 사운드 트랙이나 시스템만 공급하는 게 아니기 때문이다. 먼저 하만은 자율주행차 분야에서 열 손가락 안에 들어가는 기업이다. 그 말은 지금까지 하만에서 쌓아온 노하우가 이제는 삼성전자의 것이 된다는 말이다.

더 중요한 것이 있다. 지금까지 하만에서 만들어온 '디지털 콕핏'이다. 테슬라 차량을 보면 앞에 17인치 모니터가 있다. 단순한 모니터를 넘어 움직이는 가전제품 느낌이 든다. 이러한 전자 디지털 첨단을 디지털 콕핏이라 한다. 그전까지 현대차부터 BMW까지 거의 모든 기업이 하만 콕핏을 사용했다. 바꿔 말하면 이제는 거의 모든 기업이 삼성전자의 것을 사용하게 된 것이다. 그만큼 삼성전자가 암암리에 한 하만 인수는 다른 기업들에게 충격적이었다.

삼성전자는 아마 LG전자와 같은 생각을 하고 있을 것이다. 처음에는 전기차 부품을 팔다가 시장이 커지면 직접 전기차를 만들 수도 있다. 2025년부터 연간 전기차 판매량이 1,000만 대를 넘어가기 시작하면 삼성이 직접 전기차를 만들지 않을 이유가 없다. 기술적인 여유도 충분하다고 판단한다. 모듈 개념으로 접근하면 삼성은 충분히 전기차 제작이 가능하다.

🎙️ 과거 삼성은 이건희 전 회장 시절, 자동차 분야로 진출을 시도한 적이 있다. 하지만 결국 실패로 돌아가지 않았는가?

그렇다. 지금까지 삼성그룹이 목적을 갖고 진행한 것 중에서 유일하게 실패한 것이 자동차다. 그에 대한 한이 섞여 있을 것이다. 전기차 시대에는 굳이 자동차 제작사가 아니어도 전기차를 만들 수 있다. 테슬라가 그러했고, 애플이 그렇지 않은가. 삼성은 애플과의 경쟁에서 살아남아 스마트폰 시장의 한 축을 차지한 기업이 아닌가. 삼성의 '갤럭시카'가 나올 수 있다.

삼성전자는 이미 2년 전에 메모리 반도체를 넘어 비메모리 반도체 시장도 2030년에 제패하겠다고 선언한 바 있다. 미래 모빌리티 개념은 주문형 반도체, 즉 비메모리 반도체다. 부가가치가 높다. 모빌리티 분야에서도 비메모리 반도체가 가지는 의미가 크다. 결론적으로 삼성전자가 모빌리티의 가장 중요한 핵심 요소를 직접적으로 관여하겠다는 뜻이다.

하이닉스를 추가로 언급한 이유는 알다시피 삼성전자와 더불어 DRAM 분야의 탑에 위치한 기업이기 때문이다. 더불어 최근에 인텔의 낸드 사업부를 인수한 게 SK하이닉스다. 하이닉스도 주문형 반도체 즉, 비메모리 반도체 시장으로의 진출을 본격화하고 있다.

🎙 가칭이지만 '갤럭시카'를 언급했다. 먼 미래인가? 가까운 미래인가?

그리 멀지는 않다고 보고 있다. 애플카가 2024년으로 선언했다. 물론 애플카도 상황에 따라 2~3년 뒤쳐질 수 있다. 삼성전자는 늦어도 애플카가 나오고 2~3년 안에는 나오리라 생각한다. 하이닉스도 그와 비슷한 발걸음을 내딛을 것으로 예상한다. 반도체만으로도 모빌리티에 핵심적인 가치를 지니는데, 앞으로 MOU나 인수 합병에 관한 움직임이 가속화될 것이다. 그런 움직임을 유심히 보면 좋을 것 같다.

🎙️ 최근 삼성전자의 주가 그래프를 보면 놀라운 점이 많다. 코로나
가 창궐하고 저점을 찍었던 자리가 42,300원이다. 지금은 2배가 넘
게 뛰었다. 대한민국 시가총액 1위 기업 삼성전자의 주가가 무려 2
배 넘게 뛴 것이다.

▶ 삼성전자 일봉 차트

🎙️ 좀 더 길게 보면, 2017년과 2018년에 찍은 고점이 57,500원이다.
그리고 3년 동안 주가는 계속 박스권 안에 갇혀 있었다. 이렇게 오
랫동안 박스가 만들어졌다가 위쪽 수준으로 올라가면 1대 1 마디
가 만들어진다. 고점에 대입하면 딱 82,000원 정도가 나온다. 지
금 주가보다 낮다.

▶ 삼성전자 월봉 차트

🎤 이 말을 풀어서 얘기하면, 지금까지 우리가 모르는 무엇인가 모멘텀 즉, 첩보가 있다는 것을 주가가 얘기해준 것이다. 추세선을 연결을 해봐도 몸통을 뚫고 지나갔다. 보통 추세선은 저항을 받기 마련인데, 이걸 단숨에 돌파했다. 돌파했다는 것은 저점부터 이어지는 평행 패턴이 완성됐다는 말과 같다.

🎤 이 평행 패턴을 다시 기존의 주가 패턴에 대입하면 목표치가 보인다. 결과만 이야기하면 지금 삼성전자의 목표치가 10만 원이 넘어갔다는 말이 된다. 증권사에서는 삼성전자의 목표치를 111,000원으로 상향한 곳도 나왔다. 이런 삼성전자의 차트에 전기차 개발에 관한 재료도 녹아 있을 가능성이 있는가?

▶ 삼성전자 월봉 차트

기대감이 분명 녹아 있다고 본다. 차량의 경우 보통 5년에서 10년을 보는 그림을 그려야 한다. 다른 전자제품과는 다르게 기본적인 개발 기간이 5년이다. 딱 삼성전자가 처음 전장사업부를 출범한 시기와 비슷하지 않은가.

생각해야 할 것은 이것만이 아니다. 삼성전자를 단순한 전자업체로 판단하면 안 된다. 이제 세계의 비즈니스 모델은 융합적인 모델로 진화하고 있다. 특히 모빌리티 기반의 비즈니스 모델은 이러한 경향이 더욱 심하다. 게다가 삼성전자의 계열사를 보면, 삼성SDI가 있지 않은가. 전고체 배터리가 나오기 전에는 기존의 세 가지 NCM 대신 알루미늄을 추가한 배터리가 시장을 주도할 가능성이 있다. 삼성SDI는 이러한 점에서 확실한 강점이 있다.

주목해야 할 점은 또 있다. 국내 그룹 같은 경우에는 총수의 역할이 매우 중요하다. 총수가 누가 되냐에 따라서 주가가 움직이고 미래가 결정될 정도다. 이재용 부회장의 재판 흐름이 주가나 미래 산업에 큰 영향을 줄 수 있다.

당연히 SK하이닉스는 비슷한 개념으로 삼성전자가 가는 길을 갈 것이다. 공격적인 기업운영으로 유명한 하이닉스답게 각종 투자와 합종연횡이 벌어질 것이다. 화끈한 M&A가 일어날 수 있다. 이런 부분도 유심히 봐야 한다.

모빌리티 ETF 종목 및 분석

반도체 회사만의 이야기가 아니다. IT 기업들도 충분히 달려들 가능성이 있다. 최근 네이버는 일본에서 운영하는 라인을 가지고 소프트뱅크와 투자 인연을 맺었다. 동남아시아까지 눈을 돌리면 접촉 빈도가 1억 명이 넘어간다. 최근에는 물류 분야에도 진출하고 있다. 그렇다면 그들이 다음으로 눈을 돌릴 시장이 어디겠는가.

바로 자동차 애프터마켓이다. 자동차 애프터마켓은 A/S부품, 용품, 정비, 중고차, 튜닝, 이륜차, 보험은 물론이고 리스, 렌트, 택시 호출, 각종 물류 시스템에 이르기까지를 총합해서 부르는 명칭이다. 이런 애프터마켓 시장이 국내에만 100조 원의 규모를 넘는다. 향후 비즈니스 모델은 자율주행 레블4가 되면 폭발적으로 크기가 커질 것이다.

네이버는 이미 접촉 빈도나 IT 시스템은 갖추고 있다. 그들이 가지고 있는 기존의 다양한 플랫폼을 활성화하면서 비즈니스 모델을 집어넣기만 하면 된다. 모빌리티 분야에 진출해서 기존의 비즈니스 모델들과 얼마나 시너지를 내느냐에 따라서 네이버가 직접적으로 전기차를 만들 가능성도 열어 두어야 한다. 물론 위탁생산도 염두에 두어야 한다.

카카오도 마찬가지다. 카카오는 더 노골적으로 모빌리티 시장을 노리고 있다. 카카오 모빌리티가 상반기에 자체적으로 만든 자율주행차를 선보인다고 한다. 물론 주행거리 4킬로미터에 2명 정도의 손님이 탑승하는 작은 모델이긴 하지만 국내 최초다.

🎙 여러 가지 기업의 인사이트를 확인했으니 이제 차트를 이용해서 이야기해보자. 'KODEX 자동차'라는 ETF 종목이 있다. 센트랄

모텍, 우리산업, 만도, 한국타이어맨 등 자동차 섹터의 종목을 모아 ETF를 설정한 것이다. 이 ETF의 위치를 보면 모빌리티 섹터가 어떻게 변하고 있는지 알 수 있다.

▶ KODEX 자동차 ETF 구성 종목

구성종목명	주식수(계약수)	평가금액	시가총액	구성비중
기아차	3,404.00	306,360,000	307,381,200	24.28
현대차	1,029.00	245,416,500	249,532,500	19.71
현대모비스	608.00	203,984,000	206,416,000	16.31
한온시스템	8,002.00	140,835,200	144,836,200	11.44
한국타이어앤테크놀로지	2,154.00	94,668,300	98,545,500	7.78
만도	971.00	69,620,700	69,912,000	5.52
현대위아	465.00	43,524,000	43,384,500	3.43
세방전지	239.00	30,114,000	30,233,500	2.39
금호타이어	4,737.00	18,545,355	19,232,220	1.52
S&T모티브	241.00	17,279,700	17,376,100	1.37
에스엘	491.00	13,993,500	13,698,900	1.08
한국앤컴퍼니	697.00	11,535,350	12,650,550	1.00
성우하이텍	1,391.00	10,641,150	11,294,920	0.89
한라홀딩스	223.00	9,923,500	9,901,200	0.78
넥센타이어	966.00	6,298,320	6,375,600	0.50
우리산업	164.00	4,797,000	4,952,800	0.39
센트랄모텍	126.00	3,679,200	3,773,700	0.30
원화현금	-	-	16,444,185	1.30

🎙 'KODEX 자동차'는 2011년부터 10년 동안 아래를 보고 쭉 갔다. 하지만 2020년 3월 저점을 찍은 후 2020년 7월, 10년 동안 하락하던 추세선을 돌파했다. 이 말을 해석하면 저점을 찍고 심플한 N자 패턴이 만들어지고, 1배수 앞으로 40퍼센트의 상승 여력을 가지고 있다는 말이다. 수년 동안 하향곡선을 타고 있었는데, 단 수개월만에 다 복구했다. 그러면서 위쪽의 차트가 열려있다. 아직 기대감이 남아있다는 말이 된다.

▶ **KODEX 자동차 ETF 월봉**

🎙 ETF 중에서는 2차전지 테마에만 투자하는 종목도 있다. 'TIGER 2차전지 테마 ETF'라는 종목이다. '미래에셋 자산운용사'에서 운영하는 종목이다. 앞서 설명한 'KODEX 자동차'는 '삼성 자산운용사'에서 운영하는 종목이다. 우선 'TIGER 2차전지 테마 ETF'

의 구성종목을 살펴보면, '삼성SDI', 'LG', '포스코 케미칼', 'SK이노베이션' 등이 있다. 이러한 2차전지 테마 종목이 코스피 지수가 3,000을 향하는 흐름에서 시세가 매우 좋아졌다.

▶ TIGER 2차전지 테마 ETF 구성종목

구성종목명	수량(주)	평가금액(원)	구성비중(%)
SK이노베이션	301	95,116,000	10.72
SKC	759	94,495,500	10.65
포스코케미칼	673	90,518,500	10.2
삼성SDI	112	83,440,000	9.41
LG화학	84	79,800,000	9
에코프로비엠	326	61,222,800	6.9
일진머티리얼즈	802	56,701,400	6.39
엘앤에프	594	45,678,600	5.15
에코프로	698	43,276,000	4.88
솔브레인	156	42,650,400	4.81
씨아이에스	1,782	29,759,400	3.35
천보	155	28,473,500	3.21
후성	1,750	21,350,000	2.41
대주전자재료	379	17,377,150	1.96
솔루스첨단소재	358	17,201,900	1.94
피엔티	637	16,275,350	1.83
코스모신소재	785	14,561,750	1.64
피앤이솔루션	359	8,257,000	0.93
파워로직스	846	7,723,980	0.87
율촌화학	328	7,593,200	0.86
코윈테크	261	6,851,250	0.77
엠플러스	289	4,595,100	0.52
이노메트리	204	4,345,200	0.49
신흥에스이씨	90	4,288,500	0.48
대보마그네틱	70	2,453,500	0.28
원화예금	3,109,539	1	0.35

언급된 기업들은 모두 2차전지 쪽에 일가견이 있는 기업들이다. 전기차가 활성화되면 거꾸로 배터리의 공급량이 달리기 시작할 것이다. 향후 5~6년 이내에 배터리 회사들은 큰 호황을 맞이할 것이다. 물론 전기차 제작사들도 자신들이 배터리를 자체적으로 제작할 수 있는 환경을 만들기 위해 노력하고 있다. 하지만 한동안은 배터리 공급사들이 주도권을 가질 것이다.

이미 몇 년치 수주를 받은 기업도 있다. 일론 머스크 같은 세계적인 CEO들이 배터리 시장을 언급할 때, 가장 많이 나오는 국내의 3사가 세계 상위권을 차지하고 있는 중이다. 즉, 원천기술을 가지고 있다는 말이 된다. 앞으로 다양한 배터리의 발전에 국내의 기업들이 앞서나간다면 충분히 큰 힘이 될 것이다.

🎙 'TIGER 2차전지 테마 ETF'의 주봉 차트를 보면, 2020년 코로나가 창궐하고 나서 바닥을 찍었다. 이때의 가격이 4,400원이다. 지금의 가격은 16,000원이 넘는다. 산술적으로만 봐도 약 4배가량 올랐다. 상장한 지 얼마 안 된 종목인 만큼, 목표치의 기술적 분석이 가능하다. 지금은 단순하게 5차 패턴으로 아직 한 번의 기간 조정이 있을 것으로 보인다. 그후 다시 올라 지금 형성된 가격대보다 조금 더 위로 올라갈 가능성이 있다고 판단한다.

▶ TIGER 2차전지 테마 주봉 차트

▶ TIGER 2차전지 테마 일봉 차트

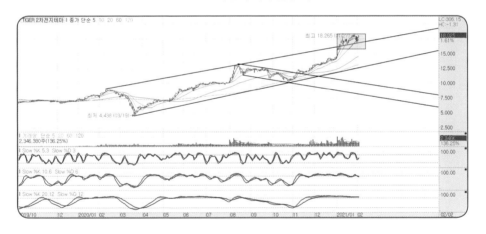

충분히 가능성이 있다고 본다. 팬데믹 이후 가장 큰 수혜를 받
은 테마가 전기차와 같은 미래 모빌리티 분야다. 2019년만 하더라

도 전 세계 내연기관 자동차와 전기차의 판매 대수가 9,000만 대 200만 대 수준이었다. 2020년 어려운 가운데, 대부분 나라에서 내연기관차의 판매량은 10~20퍼센트 다운됐다. 50퍼센트까지도 줄어든 나라도 있었다.

그럼에도 불구하고 전기차 같은 경우 2020년 313만 대가 판매되면서 오히려 판매량이 증가했다. 특히 올해 중반부터는 완성도 좋은 가성비의 전기차 전용 플랫폼이 많이 나올 예정이다. 2021년 최소 예상 판매 대수가 450만~500만 대에 이른다. 엄청난 속도로 올라가고 있다.

여기에 들어가는 배터리 양이 엄청나다. ESS 같은 에너지 저장장치뿐만 아니라, 2차전지의 수요가 엄청난 속도로 늘어가고 있다. 향후 4~5년간은 기존의 배터리 공급사들이 주도권을 잡고 있으리라 본다. 여기서 중요한 점은 5~6년 뒤에 나올 전고체 배터리 분야다. 이런 전고체 배터리 시장을 누가 차지하느냐에 따라서 새로운 패권이 형성될 것이다.

삼성전자는 아마 LG전자와 같은 생각을 하고 있을 것이다. 처음에는 전기차 부품을 팔다가 시장이 커지면 직접 전기차를 만들 수도 있다. 2025년부터 연간 전기차 판매량이 1,000만 대를 넘어가기 시작하면 삼성이 직접 전기차를 만들지 않을 이유가 없다. 기술적인 여유도 충분하다고 판단한다. 모듈 개념으로 접근하면 삼성은 충분히 전기차 제작이 가능하다.

해외 모빌리티 시장
토요타, GM, 포드, 페라리

토요타, 배터리에 사활을 걸다

🎙 지금까지 국내 기업들의 비전을 알아보았다. 해외 쪽으로 눈을 돌려보겠다. 가까운 나라 일본에도 모빌리티 시장이 활발하다. 어떤 기업이 눈에 들어오는가?

토요타의 얘기를 안할 수가 없다. 토요타는 여러모로 대단한 기업이다. 세계에서 토요타 웨이라는 기업 철학이 예전부터 워낙 유명하다. 토요타는 다른 중소기업과의 업무 분담도 매우 훌륭한 기업이다. 돈만을 쫓는 기업이 아니라 미래를 보는 비전과 철학이 확실하다. 그런 힘을 바탕으로 세계에서 2번째 글로벌 자동차 제작사가 되었다.

우리나라에서 현대차가 새로운 흐름에 잘 적응하고 있다고 했다. 토요타는 이러한 변화에 가장 잘 적응하는 기업이다. 24년 전인 1997년 12월, 세계 최초로 '프리우스'라는 하이브리드 자동차를 개발했다. 하이브리드 자동차 관련 특허를 거의 토요타가 다 가지고 있어서 다른 기업들이 하이브리드 자동차를 생산하기가 쉽지 않았다. 아직도 전 세계 하이브리드 시장을 주도하고 있다.

물론 전기차가 예상보다 빨라지면서 도태되지 않을까, 싶기도 했다. 하지만 그렇지가 않다. 토요타는 비전을 다시 세우고 5년 전부터 배터리 개발에 치중했다. 전기차 분야에서 배터리의 중요성은 계속해서 언급했다. 앞서 말한 전고체 배터리의 경우엔 토요타에서 이미 시범 모델이 출시됐다. 2023년에 양산할 계획을 가지고 있다. 이게 놀랍다. 다른 나라보다 3~4년 정도 빠르다는 얘기인데 관련 특허도 1,000개 이상 가지고 있다.

기존에 일본은 리튬·이온 배터리를 가장 먼저 발표한 나라이다. 그런데도 지금 시장 패권은 누가 차지했는가? 후발주자 대한민국이 모두 차지했다. 토요타는 리튬·이온 배터리의 경우를 생각하며, 전고체 배터리 시장에 힘을 쏟아붓고 있다. 전기차 가격의 약 40퍼센트를 차지하는 것이 배터리인 만큼 전고체 배터리는 향후 시장에 큰 영향력을 가지는 키라고 볼 수 있다.

🎙 토요타의 차트를 한 번 확인해보자. 고점의 추세선을 이으면 그동안 계속해서 145달러에서 막혀 있었다. 최근에 이 점을 강하게 돌파했다. 2007년부터 체크한 큰 박스를 보면 앞으로 6~7년 정도 주가가 올라갈 가능성이 높다는 얘기가 된다.

🎙 이러한 모멘텀을 발판으로 2020년 12월 10일 갭으로 주가가 6퍼센트 오르면서 지난 14년 동안 형성했던 박스를 돌리는 흐름이 생기고 있다. 앞으로의 행보가 중요하다.

▶ **토요타 월봉 차트**

바퀴 달린 것에 투자하라

테슬라의 끝없는 혁신과 중국의 테슬라 니오

🎙 토요타의 비전은 여기까지 보고 전기차에서는 빼놓을 수 없는 기업에 관한 이야기를 해보자. 전기차 분야의 혁신이라 불리는 테슬라의 얘기를 듣고 싶다.

테슬라는 전기차 아이콘이다. 이전만 하더라도 전 세계가 테슬라의 CEO 일론 머스크는 허풍을 떤다고 생각했다. 2018년까지 너무 큰 그림만 그려놓고 적자만 보는 것이 아니냐는 얘기도 많았다. 하지만 모델3가 나오면서 위상이 더욱 달라지고 있다. 모델3는 전 세계에서 선풍적인 인기를 끌면서 2020년 글로벌 전기차 시장의 대표 모델로 자리매김하기 시작했다. 2019년에는 13년 만에 적자도 탈출했다.

모델3가 인도, 중국 시장을 휩쓸고 있다. 2020년에만 테슬라의 전기차가 50만 대가 판매되면서 전 세계 시장의 20퍼센트 점유율을 가지고 있다. 단순히 판매량만 좋은 것이 아니다. 기술 분야에서도 매우 앞서고 있다. OTA라고 부르는 실시간 업데이트부터 스마트폰과의 연동까지 어디 하나 빠지는 부분이 없다. 국내에서도 2020년 1만 2천대가 넘는 테슬라의 전기차가 판매되었다. 많은 테슬라의 전기차가 판매되면서 국가 보조금의 40퍼센트를 쓸어갔다.

테슬라 자체가 전기차의 아이콘이다. CEO 일론 머스크가 미래에 대한 그림을 잘 그린다. 자동차 분야만 그러는 게 아니다. 스페이스 X, 하이퍼 루프 같은 다양한 모빌리티 분야에도 비전을 세우고 있다. 이러한 비전에 대한 기대감이 전반적으로 많이 깔려있다고 본다. 내년에 나오는 모델Y 및 사이버 트럭에 대해서 벌써부터 관심이 뜨겁다. 50만 명이 예약 구매를 신청했다고 한다.

🎙 그러한 기대감이 확실히 주가에도 반영되고 있다고 생각한다. 지금까지 여러 모빌리티 기업의 차트를 분석했었다. 지금은 분석의 영역이 아니다. 2020년 3월 코로나로 저점을 찍고 몇 배가 올라갔는지 아는가? 10배가 올랐다. 10배. 7달러짜리 종목이 아니다. 주가가 70달러 종목이 10배가 올라 700달러를 넘어섰다. 이런 차트는 기술적 분석이 안 된다. 이건 꿈을 먹고 사는 거다.

꿈을 먹고 사는데, 꿈이 구현되니까 놀라운 것이다. 한 가지 특이한 점이 있다. 최근 애플카가 발표된 후, 당일에 테슬라가 주춤했다. 강력한 글로벌 경쟁사의 등장에 얼어붙을 법도 한 데, 얼마 지나지 않아서 다시 흐름이 올라가고 있다. 2019년에 흑자 모델을 전환한 점이 매우 유효하다고 생각한다.

테슬라 이야기를 하면 중국의 니오를 빼고 이야기 할 수가 없다. 니오라는 기업 자체가 중국의 테슬라라고 불리는 기업이다. 2018년 주력 모델 M16에서 화재 이슈가 생기면서 부정적인 시각이 컸다. 이 때 중국 정부가 나서서 천문학적인 투자를 하면서 회생한 기업이다. 중국의 정부가 10년 전부터 밀고 있는 사업이 전기차 시장이다. 2030년에 내연기관차를 없애고 전기차로 모든 자동차를 바꾸겠다고 선언한 국가가 중국이다.

중국은 연간 2,500만 대의 판매가 예상되는 시장이다. 이 시장의 최선두를 달리는 회사가 테슬라와 니오다. 이번에 테슬라의 모델Y가 중국 상해 공장을 필두로 대량생산 체제를 이루면서 가격을 10퍼센트 절감했다. 그러다 보니 니오와의 경쟁이 더욱 심화되고 있다. 치열한 경쟁을 하면서 니오의 기술력과 사람들의 기대치는 높아져만 가고 있다.

다만 중요한 것은 중국 시장과 글로벌 시장을 별도로 봐야 한다는 점이다. 니오는 현재 중국 시장에서는 빠르게 성장하고 있지만, 글로벌 시장은 제대로 공략하지 못 하고 있다. 투자의 부분에서 고려할 점은 더 있다. 중국은 알다시피 사회주의 국가인 만큼 정부의 입김이 매우 크다고 할 수 있다. 사실 신뢰성 부분에서 고민이 많이 된다는 뜻이다. 최근 알리바바 마윈 회장과 중국정부의 대립만 봐도 알 수 있지 않은가. 중국 시장을 놓칠 수는 없지만, 중국 기업에 투자할 때의 변수를 충분히 고려하라는 뜻이다. 고민을 깊게 하라는 뜻이다.

변화하는 GM, 변하지 않는 포드, 변할 필요가 없는 페라리

미국의 자동차 제작사를 언급하면 빼먹지 않고 등장하는 기업이 있다. 제너럴 모터스, 바로 GM이다. 현재 GM의 여성 CEO 베라는 대단한 사람이다. 2008년, 미국의 자동차 제작사들은 큰 어려움을 겪었다. 크라이슬러가 인수되고 포드만 겨우 버티는 상황에서 GM도 파산보호 신청을 했었다. 미국 정부가 돈을 엄청나게 쏟아부으면서 겨우 버티고 있었다. 일명 비꼬는 용어로 Government Motors라고 불리던 시절이 있었다.

하지만 이런 상황은 베라가 CEO로 취임하면서 점차 변해갔다. 베라는 미래 모빌리티 플랫폼이라는 그림을 명확하게 그리고 이에 필요 없는 공장이나 사업을 전부 접었다. 이런 구조적 개혁으로 쓰러져가던 GM을 얼마 안 가서 흑자로 전환했다. 이때, 한국GM의 군산공장도 철수시켰다. 여담으로 쉐보레 볼트 모델 같은 경우 출시 후 차가 없어서 못 팔았다. 이 볼트 모델의 연구가 한국GM에서 전부 이루어졌다고 보면 된다.

이렇게 발빠르게 움직인 결과 GM은 융합적으로 변화에 적응하는 가장 빠른 기업이 되었다. 자율주행차 분야에서 세계를 선도하고 있다. 아까 설명한 토요타의 경우 배터리에 미래 산업을 집중한 느낌이라면 GM은 자율주행, 전기차 등 모든 모빌리티를 통합적으로 연결해서 미래를 기획하고 있다. 이런 가치가 머지않아서 가시적으로 나타날 것이다.

▶ GM 월봉 차트

🎤 그 얘기를 들으니 차트 움직임이 조금 이해가 간다. 2006년부터 2021년의 차트를 보면 고점을 돌파하려는 움직임을 봤을 때, 전 고점 자리에서 부딪히면서 주춤하고 있다. 조금씩 두드리고 있는 모양을

봤을 때, GM의 차트는 슬로우 스타터란 느낌이 강하게 든다. 아직은 박스를 돌파하지 못하고 있지만, 유의 깊게 살펴 볼 필요가 있다.

GM의 주가가 빠르게 뚫고 올라가지 못한 근간에는 니콜라 영향이 존재한다. 얼마 전 GM은 MOU로 니콜라의 11퍼센트 지분을 받고 수소트럭 프로젝트를 진행했었다. 이렇게 투자한 프로젝트가 엎어져 버린 후에 GM은 일단 니콜라와 단절을 선언했으나 여파가 아직도 미치고 있는 것이 아닌가 생각한다.

🎙 개인적인 궁금함이 있다. 아까도 잠시 이름이 나왔던 포드. 자동차의 아버지라 불리는 포드의 경우, 차트를 보면 완전히 망가졌다. 18달러 주가에서 4분의 1로 토막 났다가 겨우 절반까지 회복했다. 그 이유가 어디에 있다고 보는가.

▶ 포드 월봉 차트

바퀴 달린 것에 투자하라

이유가 있다. 포드는 새로운 그림을 그릴 수 있는 역량이 부족하다. 두드러진 부분이 없다. 인수합병도 없고, 미래지향적으로 움직이는 모습이 보이지 않는다. 게다가 포드가 내놓는 내연기관차의 새로운 모델에 대한 반응도 애매모호하다. 당연히 판매량도 애매모호 하다. 이러한 상황이 계속된다면 아무리 글로벌 제작사라 하더라도 미래를 보장할 수 없다.

어쩌면 이런 변하지 않는 모습을 포드의 사용자들은 좋아하는 것이 아닌가 생각한다. 물론 대중의 생각과는 다른 모양이다. 차트가 곤두박질치고 있다. 신기한 것이 있다. 포드와 상황이 비슷하다고 생각한 페라리를 보면 주가가 거침없이 올라가고 있다. 포드와 페라리의 차이점이 있는가?

▶ 페라리 월봉 차트

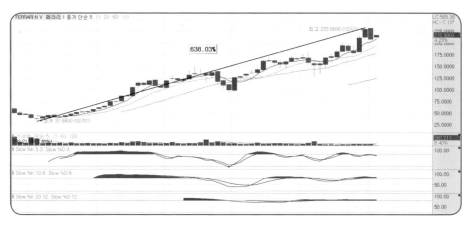

페라리가 만드는 자동차는 사실 명품 영역에 있다. 일반적인 주가의 개념이 아니다. 페라리는 지금까지 명품 가치를 만들어 왔다. 이런 효과가 아직까지도 유효한 것이다. 극히 한정된 차량수로 명품의 이미지를 고수하고 있다. 지금 주가가 올라가는 것은 경제가 어렵기 때문이라 생각한다. 역설적으로 경기가 어려우면 명품의 소비가 늘어난다. 페라리도 같다.

페라리나 포르쉐는 그리는 그림이 다른 모빌리티 회사들과는 차원이 다르다. 역사적인 의미를 부여하거나 희소가치를 내세워 브랜드의 가치를 끌어올리고 있다. 기존의 다른 명품 브랜드와 마찬가지로 다양한 스토리텔링을 하고 있다. 마치 유명한 가방이나 그림과 비슷한 경우라고 보면 된다

66

테슬라 자체가 전기차의 아이콘이다. CEO
일론 머스크는 미래에 대한 그림을 잘
그린다. 자동차 분야만 그러는 게 아니다.
스페이스 X, 하이퍼 루프 같은 다양한
모빌리티 분야에도 비전을 세우고 있다.
이러한 비전에 대한 기대감이 전반적으로
많이 깔려있다고 본다. 내년에 나오는 모델Y
및 사이버 트럭에 대해서 벌써부터 관심이
뜨겁다. 50만 명이 예약 구매를 신청했다고
한다.

99

강흥보 센터장의
기술적 분석으로 본 매수 전략

1.현대차

현시점(2021년 2월 5일), 현대차 주가를 기술적으로 분석해 매수 전략을 소개하고 장기적으로 목표가를 어느 정도 설정하고 투자해야 하는지 알아보도록 하겠다.

현대차는 현재 주가 248,500원이다. 현대차 주식에 관심이 있는 독자라면 25만 원 아래 구간을 공략하기 권한다. 우선 현대차에 대한 설명과 기본 개요를 공부하고 투자를 결심해야 한다. 결심이 섰다면 주가가 20~25만 원 사이를 형성될 때 공략해야 한다. 중기 목표는 50만 원, 장기 목표는 70만 원 이상의 흐름으로 주가가 움직이지 않을까 생각한다.

현대차 차트 작도를 보면 2번 추세를 돌파했다가 현재는 살짝 쉬고 있는 모습을 보이고 있다. 8년간의 가격 조정을 끝으로 2012년 고점을 돌파한 흐름을 나타냈다는 것은 기술적으로 다른 추세로 바뀌었다고 보는 것이 지금 흐름에서는 옳은 판단이다. 현대차는 지속적인 레블업을 보이며 20~25만 원 크게 저점을 형성한 후, 생각보다 빠른 흐름으로 중·장기 목표치를 향할 것이라 판단된다.

▶ 현대차 월봉 차트

2.기아차

현대차와 마찬가지로 2012년 5월, 84,800원을 고점으로 2020년 3월까지 8년간 74%에 추세 하락을 보여줬다. 이런 흐름을 볼 때면 '우량주를 사서 무조건 장기 투자하는 것이 옳은가'라는 생각을 해보게 된다.

기아차는 2020년 3월 저점으로부터 350% 이상 상승했다. 코스닥 시총 하위종목에 있는 잡주도 아닌 코스피 우량주 기아차가 엄청난 시세를 보여주며 89,100원(2021년 2월 3일 기준)까지 올랐다. 지금은 2012년 5월 찍은 고점 위에서 가격 라인을 형성하고 있다. 기아차 주가에 무슨 일이 벌어지고 있는지. 투자자들은 당연히 궁금해하고 알아봐야 한다고 생각한다.

차트를 보면 2008년도 저점에서부터 2011년 고점까지 8만 원가까이 상승한 모습이 한눈에 보인다. 그 후로 거의 10년 만에 두 번째 상승 박스가 만들어진 모양세를 띠고 있다. 앞에 1번 박스와 2번 박스의 움직임의 형태가 거의 비슷하다. 시세 형성의 모습이 매우 흡사하다. 하지만 두 박스 간에는 큰 차이점이 있다.

1번 박스는 약 8만 원의 가격을 상승시키는 데 3년이라는 시간이 걸렸다. 반면 최근의 흐름인 2번 박스가 동일한 가격을 상승하는 데 걸린 시간은 9개월이라는 보다 짧은 시간밖에 걸리지 않았다. 이는 차트 분석에서 매우 중요한 포인트다. 풀어 말하자면 2번 박스에는 1번 박스보다 약 3배 이상 빠른 속도의 주가 상승 현상을 보이게 하는 우리가 모르는 모멘텀이 있다는 뜻이 된다. 즉 현재의 기아차의 기술적 발전이 단순한 기대심리로 인한 거품이 아니라 진짜배기라는 말이다.

▶ 기아차 월봉 차트

그렇다면 최근 고점 2021년 1월 4일 고점 99,500원을 기준으로 8만 원을 더해서 목표가를 17만 원가량을 봐야 하는 것이 맞냐고 묻는다면 필자는 거기까지는 지켜봐야 할 것 같다고 대답하고 싶다. 우선은 미래를 예상하는 3번 박스의 절반 정도까지는 충분한 상승 여력은 있지 않을까 생각한다.

기아차는 현대차와 달리 상승률이라는 측면에서는 기대 수익이 높지는 않다. 하지만 2022년이 지나기 전까지는 14만 원 목표치를 돌파하리라 생각하고 있다. 그다음 목표치는 14만 원을 돌파하고 여러 미디어를 통해서 추가적으로 분석하는 것이 옳다고 본다.

3. 한화

한화의 주가 차트는 완성차 업체인 현대차, 기아차와는 다른 모습의 형태를 보이고 있다. 모멘텀으로 인한 가치투자뿐만 아니라 기술적으로도 반등을 보여 주주들이 이득을 볼 구간이 많다고 판단한다. 바꿔말하면 주가가 급등하여 높은 시세를 형성할 가능성이 있어 보이는 흐름의 형태를 보이고 있다. 충분한 관심을 가지고 지켜볼 가치가 있다.

한화는 2007년도 10월 1일의 고점을 기준으로 계속하여 하락세를 띠며 속칭 잃어버린 13년의 주가 흐름 차트를 형성하고 있었다. 개인투자자 입장에서는 최악의 종목 중 하나였다고 생각한다. 만약 당신이 그 시기에 한화의 주식을 가지고 있었다면 한화가 무척 미웠을 것이다.

허나 지금의 흐름은 나쁘지 않다. 2021년도 하반기까지 발표한 실적을 보면 계속해서 기업의 실적이 좋아지는 상황이다. 주가차트를 기술적인 측면으로 보면 2021년 2월 5일 기준 현재가 33,800원 가격선에서 매수하는 전략으로 접근한다 하더라도 2번 박스 상단부인 49,000원까지 주가의 흐름이 개방되어 있다고 볼 수 있다.

차트를 중장기적으로 검토했을 때도 흐름이 나쁘지 않다. 만약 2021년도 실적이 받쳐 준다면 77,000원 가격대를 넘어 2022년도 내에는 주가가 10만 원을 돌파할 가능성이 있다. 즉, 위의 차트 상에 표시한 4번 박스 상단까지도 치고 올라갈 수 있는 모양새를 띠고 있다고 할 수 있다. 바꿔말하자면 현재의 주가가 어느 정도는 저평가되어 있다고 볼 수 있다.

많은 사람이 한화의 주식은 그동안 성장 모멘텀이 없는 그룹의 주식이라고 알고 있을 것이다. 하지만 지금은 다른 모습을 보이고 있다. 한화그룹은 다양한 모멘텀을 발표하면서 주주들에게 기대감을 불어넣고 있다. 이제는 우주 항공 분야에서 선도자가 되기 위한 그룹의 의지를 보이고 있고, 수소차 사업에도 깊게 관여하고 있다.

거기에 차트까지 계속해서 기업가치에 비해 낮게 형성되어 가격의 지지층을 형성한 상황이다. 투자자의 입장에서 당장의 손익만을 생각하지 말고 장기적인 관점에서 가져간다면 좋은 종목이라고 생각한다. 그렇다면 주가 30,000원에서 33,000원 사이를 매수 구간으로 잡고 공략한다면 충분히 차트의 저점을 공략한 것으로 판단한다. 물론 가장 중요한 포인트는 2번 박스 상단 가격인 49,000원을 얼마나 빠르게 달성하느냐가 앞으로 한화 주가에 상승 렐리를 기대할 수 있는 첫걸음이 될 것으로 본다.

바퀴 달린 것에 투자하라

4. 삼성SDI

국내 전기차 배터리 분야에서 삼성SDI는 대장주가 아니다. 대장주인 LG화학이 최근 분사로 인해 기술적인 요소 외에도 많은 모멘텀이 있어 2등주인 삼성 SDI의 차트를 가져왔다. 삼성SDI의 차트를 보자마자 내가 한 첫 행동은 그저 감탄한 것이다. 주식을 하는 사람이라면 누가 이 차트를 보더라도 아름답다는 생각을 할 것이다. 최근 차트를 보면 계속해서 성장했고 많은 거래량을 보이고 있다. 지금 사람들의 전기차 배터리에 관한 관심이 어느 정도인지 단번에 알 수 있는 부분이다. 정말 대세 중의 대세다.

바로 기술적인 분석에 들어가 보겠다. 일단 삼성SDI는 2004년 고점으로부터 2020년까지 천천히 우상향하는 주가 흐름을 보여주었다. 그러나 2020년 3월 코로나 급락 이후 한번의 저점을 형성하면서 1번 박스의 가격대에서 흐름을 형성하였다. 하지만 이러한 지지부진한 저점의 박스도 오래 지나지 않아 벗어나 버렸다.

단기간에 가격 라인을 위로 올리면서 2번 박스에서 4번 박스 구간까지 엄청난 주가 성장을 보이고 있다. 일반적으로 주식의 기본 상식으로 보았을 때, 이런 흐름을 보이는 종목은 투자하기가 쉽지 않다고 생각한다. 일리가 있는 말이다. 그러나 너무나 좋은 업황과 성장 모멘텀이 있는 종목인 삼성SDI를 자동차 섹터에서 제외하기가 쉽지 않다.

삼성SDI에 투자한다면 70만 원부터 75만 원 사이에서 매수 구간을 가지는 것이 좋다고 본다. 100만 원을 목표가로 염두에 두고 지속적인 관심과 투자를 해야 한다. 너무 짧은 호흡으로 투자를 하면 이득을 보기 어려운 상황이다. 만약에 삼성SDI가 70만 원에서 일시적으로 이탈한다고 하여도 크게 걱정할 필요가 없다.

▶ 삼성SDI 월봉 차트

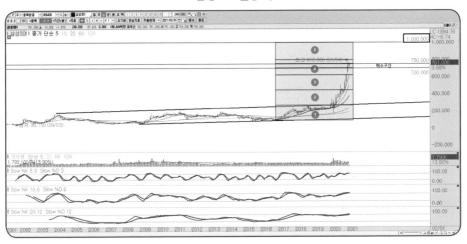

화면에서 보이는 파동에너지가 강한 모습으로 주가를 뒷받침하고 있다. 그렇기 때문에 만약 70만 원 선을 잠시 이탈하더라도 신

규 매수나 추가 매수를 하지 않은 채, 포지션 홀딩을 하고, 이후에 다시 75만 원을 돌파하였을 때 재매수를 하는 것으로 전략을 짤 필요성이 보인다.

특별하게 추가적인 전략까지도 언급하는 것은 매수 구간을 짧게 가져가서 너무 단기간에 급한 투자를 하지 않을까 하는 걱정을 했기 때문이다. 반드시 이 종목을 보수적인 관점에서 긴 시간을 들이고 한 번에 모든 것을 하려 하지 말고, 조금씩 천천히 모아간다는 생각으로 접근했으면 한다. 추가적으로 기술적 분석이 이렇게 심플하다는 의미는 좋은 실적과 모멘텀이 있는 종목군이라는 의미도 된다. 이점 기억해두길 바란다.

5. SK이노베이션

대한민국 전기차 배터리 회사의 세 번째는 SK이노베이션이다. 삼성SDI에 이어 설명하는 종목이다. 보면 볼수록 전기차 배터리 업종의 종목들은 하나같이 차트들이 어쩜 이렇게 좋은 형태의 모습을 띠고 있는지 놀랍다. 주식 차트의 기술적분석을 11년간 진행하면서 이렇게 좋은 업종 종목들은 처음 본다.

물론 SK이노베이션은 다른 LG화학과 삼성SDI보다는 상승세가 강하지 않다. 그러다 보니 뒤늦게 전기차 배터리 테마에 관심을 보이고 올라타는 사람들이 좋아하는 종목이기도 하다. 아쉽게도 이미 많은 상승을 보인 탓인지 기술적으로는 앞으로 큰 시세의 상승이 나올 것으로 보이지는 않는다.

매수 전략을 설명하자면 다음과 같다. 먼저 28~30만 원의 구간에서 매수 전략을 세우는 것이 합당해 보인다. 공략하고 난 후 하락하든 상승하든, 크게 신경 쓰지 말고 목표가 38만 원 부근까지는 주식을 가지고 있는 전략을 추천한다.

▶ SK이노베이션 월봉 차트

바퀴 달린 것에 투자하라

1번 박스를 만들고 비슷한 흐름을 보이는 쌍둥이 박스를 만든 후에 주가가 각 마디를 돌파하는 모습을 보면 차트가 참 보기 좋다는 생각을 계속하게 된다. 3번과 4번 박스까지 차트에는 작도를 해놨지만 3번 박스 상단까지는 현재의 모멘텀만으로도 충분하게 상승할 여력이 있다고 생각한다. 4번 박스까지는 38만 원 선의 돌파 흐름을 확인하고 새로운 전략을 세워야 한다고 말하고 싶다.

삼성SDI, LG화학도 좋지만, 개인적으로 SK이노베이션이 큰 변동성을 보이지 않고 안정적으로 올라가지 않을까 생각하고 있다. 매수 전략 구간에서 천천히 주식을 모으는 전략을 추천하고 싶다. 만약 하단을 이탈하여 가격이 하락한다면 잠시 매수는 멈추고 28만~30만 사이에 다시 주식을 구매하는 공략을 추가적으로 말하고 싶다.

6. LG전자

마지막으로 기술적 분석을 할 종목은 LG전자이다. 최근 LG전자 주가를 보면 너무나 가파른 상승세를 보이고 있다. 먼저 LG전자는 2021년 2월 5일 현재가 156,000원의 가격을 형성하고 있다. 우선 빠르게 종목을 구매하는 타이밍을 먼저 말하자면, 매수하는 전략적 구간은 14~15만 원 사이를 추천해주고 싶다.

LG전자는 2007년도 금융위기 후 164,000원을 고점으로 10년 내내 가격이 떨어지고 있었다. 한동안 LG전자는 투자하면 주구장창 하락한다고 해서 많은 개인투자자가 쳐다도 안 봤던 종목이었다. 2016년 바닥을 찍고 3만 원 후반대였던 주가는 회사의 실적이 올라감에 따라 2018년 3월, 11만 원까지 급등하는 모습도 보여주었다. 다만 아쉬운 점은 약 2년간의 주가 상승량이 그다음 2년간 그대로 떨어지면서 결국 기존의 저점의 가격과 비슷한 시세까지 간 것이 LG전자의 차트다.

다들 알다시피 코로나19로 인해 모든 종목이 폭락했을 때, LG전자도 예외일 수 없었다. 이후 저점 41,600원을 찍고 급등하는 모습까지도 사실 별다른 기대를 하지 않았다. 왜냐하면 다른 종목들도 코로나로 인해 저점을 찍고 반등을 하여 올라갔기 때문이다.

그럴 수 있다고 판단하며 지켜보던 LG전자 주가는 2020년 12월 23일 상한가를 보여주면서 예전의 LG전자가 아니라고 사람들에게 포효했다. 단순히 수백억의 시가총액을 보이는 코스닥의 그저 그런 종목이 아니라, 무려 코스피 시가총액 상위 종목 중 하나인 LG전자가 상한가를 보여준 것이다. 이는 주식 차트에서 기술적으로 매우 중요한 흐름을 가져간 것이다.

그 후로 LG전자는 2008년 5월에 형성했던 고점을 돌파했다. LG전자에 숨겨진 호재들이 하나씩 하나씩 수면 위로 고개를 내밀면서 주가가 상승하는 추세를 이어가고 있다. 특히 전기차 분야에서 많은 이야기가 나오고 있다. 'LG전자가 전기차를 준비하고 있다.' '애플과 협업을 할 수도 있다.' 이런 이야기들이 돌면서 LG전자에 대한 사람들의 기대치는 나날이 높아져만 가고 있다.

▶ LG전자 월봉 차트

이렇게 새로운 모습을 보여주면서 중장기 목표를 28만 원으로 설정하고 기대할 수 있는 흐름이다. 1번 박스와 쌍둥이 박스인 3번 박스의 고점까지 열리게 되면서 앞으로 상승할 여지는 충분하다. 물론 그 누구도 차트분석에서 무조건이란 단어를 쓸 수는 없다. 그러나 이런 흐름에서 LG전자를 긍정적인 시선으로 봐야 한다는 것은 자신 있게 이야기할 수 있다. 대한민국 가전제품 1등 기업 LG전자가 스마트폰을 포기하면서까지 그리고자 하는 미래 청사진을 눈여겨볼 필요가 있다.

바퀴 달린 것에 투자하라

66 ————————————————————————

삼성SDI, LG화학도 좋지만, 개인적으로
SK이노베이션이 큰 변동성을 보이지 않고
안정적으로 올라가지 않을까 생각하고 있다.
매수 전략 구간에서 천천히 주식을 모으는
전략을 추천하고 싶다.

———————————————————————— 99

모빌리티 유망 종목
62개 엄선

*시가총액 2021년 2월 3일 기준입니다.

수소차

업체	티커	기업 개요	시가총액(억 원)
현대차	005380 KS	완성차 제조업체로 수소전기차 넥스 출시, 국내 53개 계열사 소유. 전기차 플랫폼 출시 예정	523,487
세종 공업	033530 KS	현대/기아차 협력사, 소음기, 정화기 생산.	2,935
동양 피스톤	092780 KS	수소차 클로저 및 매니폴드 블록 사업 양수계약.	937
니콜라	NKLA	수소 트럭과 파워포트 차량 전문기업, 무배출 운송 및 인프라 솔루션을 제공.	98,455
현대 글로비스	086280 KS	현대차 계열사, 자동차 애프터마켓에 큰 영향력을 보유.	79,875

전기차

업체	티커	기업 개요	시가총액(억 원)
기아차	000270 KS	현대차에 인수. 연간 263만 대 규모의 생산능력을 보유한 기업. 현대차와 전기차 플랫폼 출시 예정.	396,445
에코 플라스틱	038110 KQ	기아/현대차의 부품 공급 업체. 플라스틱 범퍼 생산 업체.	644
삼기	122350 KS	알루미늄 다이캐스팅 전문 회사. 차량경량화 제품을 개발 및 양산	1,974
디아이씨	092200 KS	국내 최고의 기어메이커, 모터사이클용 고성능 엔진 대량생산 체제 보유.	1,575
테슬라	TSLA	전기차 부문 독보적 1위 기업. 에너지 저장 시스템 개발 및 제조 역량 보유	9,220,462
쌍용차	003620 KS (거래정지)	SUV를 주력으로 하는 회사. 전기차 출시 예정.	4,151

업체	티커	기업 개요	시가총액(억 원)
BMW	BMW	독일의 3개 고급차 제조사. 부속 브랜드로 영국의 롤스로이스, BMW 미니를 두고 있다.	617,948
BYD	002594 CN	중국의 전기차 기업. 배터리, 태양광 패널 등을 주력으로 한다.	1,223,357
GM	GM	미국의 자동차 제조기업. 전 세계적으로 자회사와 상표 보유.	840,909
폭스바겐	VOW3	독일의 자동차 제조그룹. 벤틀리, 아우디, 람보르기니 등 다양한 자회사와 상표 보유	1,151,698
LG전자	066570 KS	디스플레이 및 소프트웨어 역량을 바탕으로 마그나와 합작회사 설립	265,109
토요타	7203 JP	일본의 자동차 제작사. 배터리 부분에서 앞서나가고 있는 기업.	2,693,046
혼다	7267 JP	일본의 오토바이, 자동체 제작 회사. 친환경차 라인업 중이다.	554,524

바퀴 달린 것에 투자하라

업체	티커	기업 개요	시가총액(억 원)
마그나	MGA	세계적인 자동차 공급 업체. 차체, 샤시 등의 모듈 제작. 파워트레인 설계 및 개발 역량 보유.	244,521
센트 랄모텍	308170 KS	국내 최대 규모의 알루미늄 컨트롤 암 시설 확보. 자동차 구동장치와 현가장치 제작.	2,592
우리산업	215360 KQ	자동차 공조장치 관련 부품을 생산하는 2차 공급업체. 현대모비스 납품.	2,794
만도	204320 KS	자동차 제동장치, 조향장치 등을 생산하는 샤시 부품 제조 회사.	37,237
한국타이어앤 테크놀로지	161390 KS	타이어를 제조 및 판매하는 기업. 국내 시장점유율 30~40%.	56,797
니오	NIO	전기차 제조 업체. 자율주행 전기차를 개발 및 제조 중이다.	977,523
포드 모터	F	글로벌 자동차 제작사.	472,909

자율주행

업체	티커	기업 개요	시가총액(억 원)
세코닉스	053450 KQ	광, 메모리용 마이크로 렌즈 같은 광학 부품을 제조 및 판매하는 기업	1,318
삼성전자	005930 KS	디지털 콕핏을 생산하는 하만을 비롯한 244개의 종속기업 보유. D램, 낸드 플래쉬 등의 반도체 기업.	5,026,557
SK 하이닉스	000660 KS	D램, 낸드 플래쉬 등의 반도체 생산 기업. CIS사업에도 진출.	950,043
인텔	INTC	미국의 반도체를 설계, 제조하는 기업. 반도체 부분 세계 1위.	2,626,128
엔비디아	NVDA	자율주행차 전용 반도체를 공개. 인공지능기술과 관련된 사업영역 확대 중.	3,740,652

바퀴 달린 것에 투자하라

업체	티커	기업 개요	시가총액(억 원)
Advanced Micro Devices	AMD	미국의 집적회로 설계 기업. 플래시 메모리 분야의 선도자.	1,199,904
TSMC	TSM	대만의 반도체 파운드리 회사. 파운드리 업체 1위.	7,422,353
퀄컴	QCOM	무선기술회사로 5G와 같은 기술 개발. 자율주행차 부분에서도 기술과 제품 활용.	2,085,594
Alphabet	GOOGL	구글의 지주회사. 클라우드, 디지털 콘텐트 제품 판매.	7,411,080
아마존	AMZN	클라우드 서비스 AWS 운영.	18,897,625
애플	AAPL	모바일 통신 및 미디어 장치 제조, 판매 업체. 최근 자율주행차 관련 발표.	25,254,812

업체	티커	기업 개요	시가총액(억 원)
페이스북	FB	모바일 기기, 개인용 컴퓨터 등을 연결 및 공유할 수 있는 사업 영위 중.	8,475,632
에이테크 솔루션	071670 KQ	자동차용 금형제조 및 판매.	1,885
실로콘 웍스	108320 KQ	반도체 개발 및 제조, 판매 업체. LG그룹 소속. 디스플레이 패널을 구동하는 IC 제품 제조 및 판매.	11,190
팅크웨어	084730 KQ	내비게이션 및 차량용 블랙박스 사업을 영위 중. 차선이탈경보, 추돌경보 등 운전자의 편의성을 높임.	1,960
텔레칩스	054450 KQ	멀티미디어와 통신 관렵 핵심 칩 생산 업체. IVI시장에서 자동차 오디오 라인업 추가.	2,303
칩스앤 미디어	094360 KQ	시스템 반도체 설계 및 판매.	1,446

바퀴 달린 것에 투자하라

업체	티커	기업 개요	시가총액(억 원)
앤씨앤	092600 KQ	영상보안시장향 멀티미디어 반도체 제품의 제조 및 판매. 블랙박스 사업을 진행 중.	1,068
아이에이	038880 KQ	반도체를 개발 및 설계하는 기업. 자동차 전장 분야를 중심으로 반도체 및 모듈사업을 전개.	4,848
현대 모비스	012330 KS	자동차에 사용되는 다양한 정밀화학제품을 생산 및 판매.	331,741
소프트 뱅크	9434 JP	일본의 이동통신사. 소프트뱅크 자회사이며 로봇사업을 벌이고 있다.	708,542
네이버	035420 KS	국내 1위 인터넷 검색 포털. 인터넷 서비스를 기반으로 클라우드를 비롯한 다양한 사업을 영위.	606,132

배터리

업체	티커	기업 개요	시가총액(억 원)
LG화학	051910 KS	자동차 소재 전지 등 고부가 제품으로 포트폴리오 전환 중.	705,923
한화	000880 KS	한화그룹의 지주회사. 화약, 화학, 방산, 기계 등 다양한 부문의 사업 영위 중.	25,561
CATL (닝더스다이)	300750 CN	중국의 전원 배터리 시스템 공급업체. 전기차용 전력 배터리	1,542,426
삼성SDI	006400 KS	다양한 크기의 전지를 생산하는 업체. 삼성그룹의 계열사. 에너지솔루션 사업과 반도체, 디스플레이 사업을 영위하고 있다.	518,485

바퀴 달린 것에 투자하라

업체	티커	기업 개요	시가총액(억 원)
SK 이노베이션	096770 KS	석유, 화학 부문의 기업. 현재 친환경 에너지로 기업노선을 빠르게 변화 중.	292,654
파나소닉	6752 JP	일본의 종합 가전제품 생산회사. 세계적인 리튬이온 전지 제조사.	373,306
LG에너지솔루션	IPO 추진중	LG의 계열사로 친환경 에너지 산업을 영위 중. 현재 IPO를 추진하고 있다.	-
롯데케미칼	011170 KS	석유화학제품 회사. 롯데첨단소재를 흡수합병하여 분야를 넓히고 있다.	94,943
LG	003550 KS	LG의 지주회사. 다양한 모빌리티 관련 계열사를 보유.	177,734
포스코케미칼	003670 KS	포스코 그룹 계열사. 국내 내화물 시장의 22%를 차지하고 있음.	108,061

공유경제

업체	티커	기업 개요	시가총액(억 원)
우버	UBER	승차공유 서비스제공 회사. 세계 스타트업 가운데 가장 높은 기업가치.	1,164,726
카카오	035720 KS	국내 1위 메신저를 바탕으로 세운 기업. 카카오톡을 중심으로 다양한 사업 확장 중.	409,151
리프트	LYFT	주문형 서비스 운송 제공업체. 다양한 카셰어링 플랫폼을 제공.	168,077

바퀴 달린 것에 투자하라

ETF

업체	티커	기업 개요	시가총액(억 원)
KODEX 자동차	091180 KS	국내 자동차 산업의 주가흐름을 반영하는 지수. 국내 자동차산업을 대표하는 20개 종목으로 구성.	3,679
TIGER 2차전지 테마	305540 KS	WISE 2차전지테마 지수를 기초로 하는 ETF. 종목별 사업보고서에 기반해 구성 종목 선정.	6,956

바퀴 달린 것에 투자하라

초판 1쇄 인쇄 2021년 2월 8일
초판 2쇄 발행 2021년 2월 22일

지은이 김필수, 강흥보
펴낸이 권기대

펴낸곳 베가북스 **출판등록** 2004년 9월 22일 제2015-000046호
주소 (07269) 서울특별시 영등포구 양산로3길 9, 2층
주문·문의 전화 (02)322-7241 팩스 (02)322-7242

ISBN 979-11-90242-74-5

* 책값은 뒤표지에 있습니다.
* 잘못된 책은 구입하신 서점에서 바꾸어 드립니다.
* 좋은 책을 만드는 것은 바로 독자 여러분입니다.
  베가북스는 독자 의견에 항상 귀를 기울입니다. 베가북스의 문은 항상 열려 있습니다.
  원고 투고 또는 문의사항은 vega7241@naver.com으로 보내주시기 바랍니다.
* 베가북스에 대한 더 많은 정보가 필요하신 분은 홈페이지를 방문해주시기 바랍니다.

vegabooks@naver.com www.vegabooks.co.kr
 http://blog.naver.com/vegabooks vegabooks VegaBooksCo